袁枚传

[英]亚瑟·韦利
著

朱珊
译

耿博文
审校

中央编译出版社
Central Compilation & Translation Press

图书在版编目（CIP）数据

袁枚传 /（英）亚瑟·韦利著；朱珊译. -- 北京：中央编译出版社，2025. 6. -- ISBN 978-7-5117-4978-9

Ⅰ．K825.6

中国国家版本馆CIP数据核字第2025MX4266号

袁枚传

责任编辑	李媛媛　王　岗
责任印制	李　颖
出版发行	中央编译出版社
网　　址	www.cctpcm.com
地　　址	北京市海淀区北四环西路69号（100080）
电　　话	（010）55627391（总编室）（010）55627307（编辑室）
	（010）55627320（发行部）（010）55627377（新技术部）
经　　销	全国新华书店
印　　刷	佳兴达印刷（天津）有限公司
开　　本	880毫米×1230毫米　1/32
字　　数	147千字
印　　张	7.375
版　　次	2025年6月第1版
印　　次	2025年6月第1次印刷
定　　价	65.00元

新浪微博：@中央编译出版社　**微　信：**中央编译出版社（ID: cctphome）
淘宝店铺：中央编译出版社直销店（http://shop108367160.taobao.com）
　　　　　（010）55627331

本社常年法律顾问：北京市吴栾赵阎律师事务所律师　闫军　梁勤
凡有印装质量问题，本社负责调换。电话：（010）55627320

前　言[*]

本书主要面向对清代[①]时期的中国知之甚少的普通读者。除乾隆皇帝外，读者对书中提及的其他人物应该都鲜有耳闻，所以我在正文和词汇表中对所有涉及中国的特定术语以及典故都做了详细解释。此外，不熟悉中文的读者很难记住复杂的中国人名，我已尝试根据下文所解释的原则（见附录四）尽量避免提到人名。同时，我尽可能列出故事中人物的生卒年份，既能表明他们是当代人物还是历史人物，也能让读者推断出他们的声望与地位。

我并没有详尽记录下袁枚所有的生平事迹和作品。因此，其他专家仍有空间撰写一本更全面的传记。我主要关注袁枚故事中人们普遍感兴趣的部分，并致力于翻译他那些通俗易懂的诗歌。

---

[*] 文中注释如无特别说明，皆为译者所注。
[①] 原文为"pre-Soviet China"。

在我看来，袁枚可爱、机智、慷慨、深情，但又性情急躁、愤世嫉俗。他的诗歌轻松之中饱含深情，悲伤时也能幽默欢脱。希望本书读者能同我一样有感于其人。

浅谈袁枚：与随园主人隔世的清谈

　　在案头堆积如山的典籍与泛黄的诗笺之间，译者恍惚听见一个清朗的声音——那是两百余年前袁枚先生于随园草木间的吟哦。翻译这部传记的日日夜夜，实则是与这位性灵诗派宗师一次又一次穿越时空的对话。先生《苔》中那句"苔花如米小，也学牡丹开"，恰如译者此刻的心境：纵然才疏学浅，也愿以笔为阶，译引当代读者步入一座已隐入历史烟云的文学花园。

　　翻译袁枚，是痛与乐交织的修行。先生诗风如"性灵说"所倡，既有"但肯寻诗便有诗"的天然明快，又有"双眼自将秋水洗"的深邃凝练。翻译的力度稍过则失其含蓄，不足则减其鲜活，译者试图在英文肌理中复刻那份山水奔涌的灵韵。这般推敲如琢玉，每一道纹路皆需呕心沥血。然而，每当原句精魂在异语中倏然苏醒，历史批判的锋芒刺破时空阻隔直抵纸面，那种豁然贯通的狂喜，又令人如饮随园新酿。

　　袁枚的笔尖常带典故的露水与方言的清风。他写"阿婆还是初笄女，头未梳成不许看"，以家常语道出创作真谛。译此类诗句时，常需在文化转译的天堑上走钢丝。然传记卷帙浩繁，译事如赶花期。袁公《湖上杂诗》曾叹"老夫心与游人异，不羡神仙羡少年"，译者亦恨不能向天再借五百个晨昏。某些双关妙语如折翅之蝶，某些典故深意若蒙尘之珠，疏漏之处还祈方家以"性灵"之眼宽容相待。

此番译介，是向袁枚精神谱系的一次虔诚溯游。他主张"诗写性情，惟吾所适"，译者亦尝试挣脱机械对等的枷锁，在英文疆域里开辟一方性灵的飞地。书中那些被先生自嘲为"家常语"的诗句，恰是最难移植的珍宝——它们如随园的藤萝，根系深扎在江南的土壤。若有未尽之处，权当为后来者抛砖引玉，毕竟袁公有言："知非便舍吾何忧"。译途漫漫，唯愿此译本如先生手植的梧桐，虽非参天巨木，亦能为读者投下一片追寻中国诗魂的清凉。

谨以此书献给在文字中寻找性灵之光的人。

译者谨识
乙巳仲夏于京华灯下

对本书的翻译及审校做出贡献的有（排名不分先后）：

山东青年政治学院耿博文博士
北京第二外国语学院苏倩倩
北京第二外国语学院梁绮玲
北京第二外国语学院周小华
北京第二外国语学院屈心彤

时年五十岁的袁枚画像

目录

第一章　杭州的早年时光 ………………………………… 1

第二章　京城的功名之路 ………………………………… 9

第三章　七载芝麻官 ……………………………………… 19

第四章　居随园　赴西北 ………………………………… 35

第五章　袁枚随笔与奇闻异事 …………………………… 49

第六章　纵游山水 ………………………………………… 124

第七章　《随园诗话》和《随园食单》………………… 149

附录一　1743年安森与广东当局的"交锋"…………… 192

附录二　袁枚的身后之事 ………………………………… 197

附录三　马戛尔尼使团与袁枚的作品 …………………… 199

附录四　笔者的写作和翻译原则 ………………………… 200

参考书籍 …………………………………………………… 202

内容索引 …………………………………………………… 204

第一章
杭州的早年时光

袁枚，康熙五十五年（1716）生于杭州。其父袁滨（1678—1752），因家道中落，不得不游幕四方。袁枚儿时主要受其孀居娘家的沈姑母照料，"寒则袭，痒则搔，朝䩄而夕浴，皆为姑之求。"① 至于其生母则知之甚少。儿时剃发，须得长辈在一旁给他讲故事，不然便会啼哭不止。沈姑母从经典史书和逸事书籍中收集了许多适合四五岁孩童的故事。袁枚曾说："未踏入校门之前，汉、秦、唐、宋诸多杰出之士，我已耳熟能详。"之后，袁枚开始阅读《尚书》，每碰到一些晦涩难懂的古文时，他总会皱紧眉头，这时沈姑母则会悄悄地走到他身边，如同"贴身刀鞘"般低声提示。

六岁时，袁枚正式向私塾先生史中（字玉瓒）拜师。遂发现先生作得一手好诗。一次，他偷读私塾先生的《唐书》

---

① 出自袁枚《亡姑沉君夫人墓志铭》。

摹本，发现书中一首诗深得其心，而记之：

> 怀恩本不负君恩，
> 青史何曾照覆盆？
> 万里灵州荒草外，
> 至今夜夜泣英魂。①

此诗讴歌了唐朝名将仆固怀恩，他曾为朝廷立下赫赫战功，却于永泰元年（765）遭人构陷勾结胡人密谋颠覆政权，未及洗清污名便猝然长逝。袁枚抄下了这首诗，自此便养成了摘录心仪诗篇的习惯。不过，他第一次步入诗歌殿堂则是在两年后："一日，业师外出，其友张自南先生携书一册，到馆求售，留札致师云：'适有亟需，奉上《古诗选》四本，求押银二星：实荷再生，感非言罄。'"② 这里所提及的《古诗选》是由著名评论家王士禛（1634—1711）所编撰的一部诗歌选集，于1697年问世，收录的诗歌最早可追溯至1400年。袁枚说道：

> 予舅氏章升扶见之，语先慈曰："张先生以二星之故，而词哀如此，急宜与之。留其诗可，不留其诗亦可。"予年九岁，偶阅之，如获珍宝：始《古诗十九首》，终于盛唐。伺业师他出，及岁终解馆时，便吟咏而摹仿

---

① 此处译者未查到出处。
② 出自袁枚《随园诗话·卷六》。

之。呜呼！此余学诗所由始也。自南先生其益我不已多乎！①

后来张先生大概是出于自尊，执意将书留了下来。

彼时袁枚正在准备县试，考试主要考查对儒家《四书》的掌握情况，因此他只能偷习诗词歌赋，但是在他的老师看来，阅读诗歌纯属浪费时间。

雍正五年（1727），11岁的袁枚通过了童生试，所以能够提前五到六年参加县试。此时，他已经是一名国子监学生了，有资格在帽子上佩戴前一年皇帝授予学生的银章。但是在生活中，袁枚仍稚气未脱。他跟随老师同入县学，夜晚因害怕独自入眠，仍睡在祖母怀中。在此期间，他开始对书籍情有独钟。很久之后，他写道："我年十二三，爱书如爱命。每过书肆中，两脚先立定。苦无买书钱，梦中犹买归。"②

他认为值得保存的最早的作品之一是《二十四孝》里的《埋儿奉母》。一天，郭巨谓其妻曰："贫乏不能供母，子又分母之食，盍埋此子？儿可再有，母不可复得。"因此他们决定挖一个坑，把孩子活埋了。他们只挖了三尺深，就发现了一个金罐子，上面刻着"天赐郭巨，官不得取，民不得夺。"夫妻得到黄金，回家孝敬母亲，并得以兼养孩子。这个故事让沈姑母惊恐万分，于是她写下了这首诗：

---

① 出自袁枚《随园诗话·卷六》。
② 出自袁枚《对书叹》。

孝子虚传郭巨名，承欢不辨重和轻。
无端枉杀娇儿命，有食徒伤老母情。
伯道沉宗因缚树，乐羊罢相为尝羹。
忍心自古遭严谴，天赐黄金事不平。①

在沈姑母的指点下，袁枚写了一篇小文章，其中写道："不能养，何生儿？既生儿，何杀儿？以儿夺母食，故埋。似母爱儿也，以爱及爱，见请所与者矣，见抚杯棬者矣。杀所爱以食之，是以犬马养也……"②他显然很满意这篇文章，不久之后，袁枚就把这篇文章拿给万松书院的山长看，当时他正在那里读书。山长（杨绳武，约1680—1754）返还文章，并在文后附上批语："文如项羽用兵，所过无不残灭。汝未弱冠，英勇乃尔。"这句话略带点揶揄的含义，但袁枚不以为然，反而备受鼓舞。

1734年，《大清一统志》的编纂者之一、博学多才的帅念祖来到杭州担任提督学政。他在巡视时来到万松书院，问了袁枚一些问题，比如问他能否解释"国马"和"公马"。袁枚答道："二者都出自《国语》，注自韦昭。至作何解，枚实不知。"③

这个问题确实设有一个陷阱，因为在袁枚所处的时代，"国马"意为"国家的马"，在封建时代，是指属于平民的马，

---

① 出自沈袁氏《责郭巨》。
② 出自袁枚《郭巨论》。
③ 出自袁枚《随园诗话·卷十二》。

而不是属于封建统治者的马。但督学并没有为难他，反而鼓励他说："汝轻年，能知二马出处足矣；何必再解说乎？"

"不求甚解"确实是一种可行的做法，古代著名诗人陶潜早就将其奉为圣典，他在读书时"好读书，不求甚解；每有会意，便欣然忘食。"而另一方面，若是不知道某句话出自何处，则会被认为是粗鄙不堪，不可原谅。

1736年，朝廷举行了一次特别的科考（博学鸿词科），这种考试时隔很久才会举行一次。目的是网罗天下能文之士，让他们撰写官方史料等。前一年，杭州举行了一次考试，目的是在当地选拔合适的考生参加京城的会试。我们对这次考试的情况知之甚少，只知道考试当天下着雪，考试诗题为《春雪十二韵》，共二十四句。袁枚去应试，结果"考列前茅"，取得了优异的成绩。会试要到深秋才举行，所以袁枚去拜访他的叔父袁鸿，袁鸿当时在广西巡抚金鉷幕府中任幕僚。此次出行似乎并不仅是一次游玩或访亲之旅，而是关乎其未来的仕途之旅。袁枚父亲没有及时将盘缠寄到广西，或许是因为他父亲想知道袁鸿能否帮助袁枚。袁枚旅途中的部分费用是由杭州名士柴东升先生资助的。袁枚写道："余少时气盛跳荡，为吾乡名宿所排。惟柴秀才名致远、号耕南者，一见倾心。"恰巧，柴耕南的兄长柴东升要去江西高安县作幕，而从高安去桂林大约只有一半的路程。他带着袁枚去做客，并借给他十二两银子，但事实证明这些路费也不够。袁枚"坐倒划船到广，受尽饥寒。"[①]

---

① 出自袁枚《随园老人遗嘱》。

关于袁枚的叔父袁鸿，我们知之甚少，只知道一则有趣的逸事：

> 康熙年间，叔父健磐公访戚镇江，寓某铁匠家，与其妻张淑仪有文字之知，彼此暗投笺札，唱和甚欢，而终不及于乱。微言挑之，则正色曰："妾故老秀才某之女。幼嗜文墨，父亡，为媒者所诳，误嫁贱工，一字不识。彼方炽炭，我自吟诗，为此郁郁。得遇君子，聆音识曲，使我几句荒言，得传播于士大夫之口足矣。至于情欲之感，'发乎情止乎礼义'可也。"再三言，则涕泣立誓，以来生为订。健磐公心敬之，不忍强也。归家后，诵其佳句云："懒妆撩鬓易，私泣拭痕难。"送健磐公归云："三月桃花怜妾命，六桥烟柳梦君家。"逾两年，再过京口，访之，则铁铺不开，全家不知何往矣。后二十年，在粤中，又遇一刘铁匠者，不能作字，而能吟诗。每得句，教人代写。《月夜闻歌》云："朱栏几曲人何处？银汉一泓秋更清。笑我寄怀仍寄迹，与人同听不同情。"健磐公尝笑谓余曰："同一铁匠也，使张女当初得嫁刘某，便称嘉偶矣。"①

1736 年，袁枚开始撰写《随园诗话》，并按时间先后排序。他认为自己早期的诗作（除了后来在补遗录中的几首），

---

① 出自袁枚《随园诗话补遗·卷二》。

均不值得保留。其中有一首是写于去桂林的途中，记录了他在萍乡附近一所乡村书院的见闻：

> 远望碧桃盛，不知何家村。
> 停舟褰裳往，颇闻书声喧。
> 柴门数学子，列坐何彬彬。
> 闻有江南客，欣然喜动颜。
> 各将文章来，愿闻所未闻。
> 为之小讲解，围坐点头频。
> 归各具鸡黍，手自擎瓦尊。
> 父兄荷锄归，亦来觇佳宾。
> 但劝客小住，不知天黄昏。
> 我乃行役者，风中不定身。
> 告以势难留，纷然泪满巾。
> 攀衣送登船，姓名金云云。
> 后会知难期，前途君自珍。
> 感兹醇朴意，如逢羲轩民。
> 方知古桃源，依然在人间。
> 但恨无缘留，回头空白云。①

《萍乡纪事》讲述了一个游子来到了一个偏远的世外桃源，那里的居民数百年来都与世隔绝，仍过着简朴的安逸

---

① 出自袁枚《萍乡纪事》。

生活。

到了桂林，叔父见到袁枚，怫然道："汝不该来"，令他惶恐无措。但巡抚金鉷（1678—1740）立刻相中袁枚，并专门向朝廷推荐了他。在推荐信中，金鉷说："臣朝夕观其为人，性情恬淡，举止安详，国家应运生才，必为大成之器。"袁枚写道：

> 一时司道争来探问。公每见属吏，谈公事外，必及余之某诗某句，津津道之，并及其容止动作。余在屏后闻之窃喜。探公见客，必随而窃听焉。

这只是实话实说罢了。

袁枚离开时，巡抚金鉷送银一百二十金，遣人办装，护送至京。

第二章
京城的功名之路

有近两百名考生参加了博学鸿词科的考试,其中袁枚年龄最小,最长者万经(1659—1741),先辈皆为著名学者,父亲是"万氏八龙"之一。时年75岁的万经曾是中国最著名的字典《康熙字典》的编纂者之一。大家都惊讶于袁枚竟如此年轻,因此许多有名望的人出于好奇前往袁枚的住处,想一睹这位年轻才子的风采。博学鸿词科要求考生撰写一篇政治伦理主题的文章和一首诗歌,其长度和格律固定,偶数行须与特定音节押韵。诗题为"山鸡舞镜",七排十二韵,限"山"字韵。① 当然,首先要了解这个题目背后的故事:"山鸡爱其羽毛,映水则舞。魏武时,南方献之,帝欲其鸣舞而无由。公子苍舒令置大镜其前,鸡鉴形而舞不知止,遂之死"②。这是一个很好的题材,但袁枚对自己的诗作不甚满意,

---

① 出自袁枚《随园诗话·卷五》。
② 出自刘敬叔《异苑·卷三》。

并未将其收录到诗集之中。

上榜者仅十五人,袁枚和万经都遗憾落选。袁枚非常失望,因为他曾希望能"永戒考文"。这些考试的文章(或称讲义)撰写规则非常严格。考官从儒家"四书"中抽出一篇文章,考生须撰写一篇文章对其进行阐释,文章篇幅固定(大约600字),分为八个部分——破题、承题、起讲、入题、起股、中股、后股和束股。著名学者顾炎武(1613—1682)早就批判过这种"八股文",他认为,科举考试专注于"八股文",对中国文化造成的危害比焚书坑儒更甚。袁枚憎恶各种刻板形式,憎恨八股文,从未花心思在这方面;但他现在意识到了获得官职的唯一机会就是写好"八股文",然后通过乡试和会试。因此,在接下来的两年里,他"势不得不降心俯首,惟时文之自攻,"并最终在"八股文"写作方面有所造诣。他撰写的范文集《袁太史稿》成为后世考生的范本,袁枚这一名字也因此为人们所熟知,但他们并不知道,袁枚是一位诗人。

参加博学鸿词科的考生每月可以得到一笔津贴,理应足以维持他们当月的生活,但袁枚很快又陷入窘迫。

有一天,他拜访了太常寺卿唐绥祖(1690—1759),并记录下此事:"公奇赏之。次日,即托其西席朱君佩莲道意,欲以从女见妻。余以聘定辞,公为惋惜。公怜之益甚,每过必赐食,且抚盂曰:'毋寒乎?'每暑必赐浴,且以指搅盆曰:'汤未温,宜少待。'"①

---

① 出自袁枚《湖北巡抚唐公神道碑》。

袁枚写了大量的传记墓志铭，人们经常指责他在一些事实细节上不够准确，这也并非空穴来风。事实上，这些墓志铭的价值不在于记录历史，而是记录他与朋友之间的感情。他最擅长的是唤醒人与人之间真挚的感情，比如上文所说的唐绥祖用手指给他试水温。

经过朋友介绍，袁枚得以在刑部郎中王琬的家中做私塾先生，以此维持生计。但没过多久，王琬"出守兴化，携家行"。袁枚写道："余倮然无归，赵以寒士而留余仍住王公旧屋。赵贵璞奋曰：'子无忧，郎中虽去，其屋吾赁之，其灶吾炊之。'因共卧起，出诗文相磨切。亡何，予受今大宗伯嵇公聘，乃别舍人。当是时，无嵇公，舍人终于食也。无舍人，余几不能待嵇公矣。"① 这里的"嵇先生"指的是嵇璜（1711—1794），他是著名的水利专家和书法家。袁枚是经另一位赵先生（赵大鲸，1686—1749）介绍进入嵇家的。此时袁枚的生活十分拮据，且大部分时间都用于授业和钻研八股文，尽管如此，他还是结交了很多朋友，并且声名鹊起于诸公卿之中。在这些朋友中，他认为只有一人，可奉为师，此人便是胡天游（1696—1758）。胡天游心性高傲、性情古怪，命运多舛。博学鸿词科举办期间，他的父亲不幸去世，胡天游因服丧无法参加考试。后来，他在礼部尚书的推荐下被特批参加明年的补考；但在考试时，鼻子突然大量出血，不得不放弃考试。那时，许多考生齐聚一堂，听他从容论道，言

---

① 出自袁枚《赵舍人诔》。

辞间尽显天地万象；观他下笔千言，笔端流转龙蛇舞动。胡天游心性高傲，不愿巴结权贵（在十八世纪，想要获得成功，学会攀附权贵是必要之举，不仅是在中国，世界上其他地方亦如此），甚至拒绝接受他人提供的工作。满清重臣鄂尔泰（后文会详述）非常欣赏胡天游的作品，并推荐他参与《大清一统志》的修订；但胡天游的一位友人评价其称："天游非常人。若想他不来，便去请他。"此事之后便不了了之。胡天游的作品曾备受赞誉，如今却几乎被人遗忘，很少会有人在十八世纪时仍旧阅读模仿九世纪的诗歌散文。袁枚初遇胡天游时，胡说："美才多，奇才少，子奇才也。年少修业而息之，他日为唐之文章者，吾子也。"幸运的是，虽然袁枚当时感到非常荣幸，但并没有沿袭此种文风，后来他的散文迷人而独特，绝非简单的蹈袭前人。

1738年秋，袁枚中举。他就《论语》第六篇"居敬而行简"撰写了一篇文章。袁枚写道："以处家之道处人，则其宽也，有所不得已而宽；以克己之心克人，则其为政也，有所恃而不恐。"[①] 考官邓时敏（1712—1775）在边上写道："洞悉政体，如读名臣奏疏。"袁枚始终对这位赏识他的考官深表感激。邓时敏在为官初期，便大有建树，但立业不久，便告老还蜀，度过自己的余生。也许是受邓时敏影响，十年后，袁枚也效仿他，回乡生活。1768年，他为邓时敏写了一首诗，诗中写道：

---

① 出自袁枚《小仓山房文集·续集·卷三十·书王荆公文集后》。

信当喜极翻愁误，物到难求得尚疑。
一日姓名京兆举，十年涕泪桂花知。
泥金挂壁春来早，贺客遮门月去迟。
想见故园灯火夕，老亲望眼正穿时。

乾隆四年（1739），袁枚考中进士，并且通过了殿试，入选翰林院庶吉士，开始步入仕途。在一首短诗中，他记录了第一次穿上官服时的感受：

学著宫袍体未安，蓝衫转觉脱时难。
呼僮好向空箱叠，留作他年故旧看。①

殿试中诗歌的主题是《赋得"因风想玉珂"》②。袁枚写道："余欲刻画'想'字，有句云：'声疑来禁院，人似隔天河。'诸总裁以为语涉不庄，将置之孙大司寇尹公，与诸公力争曰：'此人肯用心思，必年少有才者；尚未解应制体裁耳。此庶吉士之所以需教习也。倘进呈时，上有驳问，我当独奏。'群议始息。"③

袁枚与尹继善从此结缘，尹不仅是袁枚最忠实的支持者，也是其平生又一知己。尹继善（1696—1771），满族章佳氏，早在满族入主中原之前就定居在中原边界，因此很早就受到

---

① 出自袁枚《释褐》。
② 出自杜甫《春宿左省》。
③ 出自袁枚《随园诗话·卷一》。

了中原文化的熏陶。在他漫长的一生中，曾先后担任过多个要职，并以处事公正、平易近人而闻名。他热衷文学，更确切地说，他热衷文学游戏。他喜欢互赠诗歌的游戏，在游戏中，必须使用与开头的"玩家"相同的韵脚来作诗。袁枚并不喜欢这种游戏，但是为了让伯乐尹继善开心，有时也会参与其中。

上文已经提到过的鄂尔泰（1680—1745）也是满族人，同样对袁枚非常赏识。鄂尔泰是一位有才干的朝廷官员，同时也是一位伟大的文学支持者。时值24岁的乾隆皇帝（一位在西方国家中家喻户晓的中国皇帝）登基，一段时间内，先皇雍正的近臣辅政中最重要的就是鄂尔泰，他曾一度成为实际掌权者。

殿试结束后，鄂尔泰对一位考官蒋溥（1708—1761）说道："尔泰今年愧死。闱后阅人文，所卜皆不雠，惟袁枚一人验耳。闻出君门下，非君谁光我颜者。"

听了鄂尔泰的话，蒋溥十分高兴，因为鄂尔泰的父亲鄂拜和蒋溥的父亲蒋廷锡都在同一年（1699）中举。这句话充分说明了同年间那种冥冥之中的联系，这种联系甚至会延续至下一代。袁枚表示："蒋故公年家子，闻甚喜，而此科大总裁赵相国等相顾愕然。枚闻虽感公，竟不知公从何处见枚文也？以公位尊，亦不敢一谒谢。"

在这段时间里，他与另一位好友蒋和宁（1707—1784）结缘。当时蒋和宁与皇帝的堂兄宁王同住。袁枚曾说："每当他（蒋和宁）离开紫禁城时，都会与我同席。我们两人都不好饮酒而好论古，或者一起谈史，或者臧否人才，或谈国家治乱，非常合得来。每当下人听说蒋先生要来时，知道我们要熬夜，就会准备大量的蜡烛。"这里的"修剪蜡烛"意思是"剪掉烛芯"。传统的中国蜡烛的烛芯是木头或竹子制成的，需要不定时剪掉。

两人之间长达五十年的友谊不仅使袁枚对历史和历史研究方法产生了极大的兴趣，而且一定程度上让他了解到乾隆皇帝一些有趣的生活习惯。

在这期间，他还与伶人许云亭结下了友谊，并记载道："京师伶人许云亭，名冠一时，群翰林慕之。纠金演剧。许声价自高，颇自矜贵。先生虽年少，而服御朴素，弊车羸马，料无足动许者。讵许登台时，流盼送笑，目注先生，若将昵焉。先生心疑之，而未敢言。次日侵晨，许竟叩门至，情款绸缪，先生忻喜过望，引许为生平知己。"① 他还精心给许云亭和吴下歌郎吴文安、陆才官写了具有暗示性的诗。但是，无论是彼时还是其人生的其他阶段，袁枚都不是仅好男风。

1739年冬，大概是在父母的安排下，他"乞假归娶，妻王氏"。王氏时年已二十二岁，在当时可以说是晚婚，她这个阶级的女孩大多在十四五岁就已成婚。当他到达杭州家中时，所有的亲戚和朋友都围拢过来，他身着朝服站在中间，周围皆是祝贺和欢喜之声。袁枚记载道："他们都说母亲一定为我感到骄傲，但奇怪的是，母亲却态度平和，淡然处之，对我

---

① 出自袁枚《随园诗话·卷四》。

的成功只字不提，依然像对待孩子一样对待我。"① 关于他的妻子王氏，我们知之甚少，只知道后来袁枚病重，她曾全心照顾，且比袁枚晚去世几年。回京后，袁枚被翰林院安排专学满语。清朝建立后（1644—1912），从明朝沿序下来的官僚家族对少数民族政权怀有强烈的敌意。其中一些人在明朝覆灭后移居日本；他们宁愿在困境中艰难求存，也不愿在新帝手下任职。十八世纪中叶，仍然有许多学者认为被迫学习这种野蛮的异族语言和文字是一种侮辱。然而，似乎没有理由认为袁枚会有这种感受。正如我们所见，他结识了一些极具影响力和有教养的满族人，并得到了他们的资助，甚至晚年时还说过："今日满洲风雅，远胜汉人，虽司军旅，无不能诗。福建将军魁叙斋伦，以指画墨菊，题云：'淡中滋味意便长，每爱秋英引巨殇。兴到指头涂抹际，墨香还道是花香。'"②

翰林学士的教学由刑部尚书史贻直（1682—1763）负责，袁枚在一天的休假里写了一篇《献闻》，引起了他的注意。不久，袁枚就养成了不请自来的习惯，常悄悄溜进尚书的书房，在那里，他接触到了大量的信息，关于朝廷制度、元明两朝的政绩，以及关于尚书从三位先帝那里获取恩宠的趣闻逸事。袁枚实际上的满语老师是1718年进入翰林院的邹泰和；关于邹先生，袁枚写道："先生戊戌翰林，和雅谦谨，有爱猫之癖。每宴客，召猫与儿孙侧坐，赐孙肉一片，必赐猫一片，

---

① 此处译者并未查到明确出处。
② 出自袁枚《随园诗话补遗·卷七》。

曰：'必均，毋相夺也。'督学河南，按临商丘毕，出署失一猫，严檄督县捕寻。令苦其烦，用印文详报云：'卑职遣干役四人，挨民家搜捕，至今逾限，宪猫不得。'"①

1741 年，袁枚继续学习满语，在此期间，他最好的朋友，裘曰修（1712—1773）笑话袁枚读这些"蝌蚪文"竟如此吃力。后来，他撺掇袁枚放下学习，一起下象棋，读《搜神记》（公元四世纪的志怪小说集）。裘曰修还带他去安徽的著名歌伎采玉面前献殷勤。

1742 年春，举行了翰林院散馆考试，鄂尔泰阅卷。为避免徇私舞弊，考生名字上被贴纸条，阅卷官只能在阅卷完毕后才能撕掉。事后，鄂尔泰写道："故不知系袁枚试卷，据实批为下等。待启糊名，知是袁枚后惋惜之至，但已不可挽回。"离京时，鄂尔泰特意请袁枚吃饭，鼓励说："观汝状貌，天子必用汝。汝为外吏必职办，或忧汝能文不任吏事，非知汝者。"散馆考试后，内阁翰林院带领考生朝见皇帝，而未能学会满文的袁枚就跪在乾隆脚下，可谓"距天子仅三尺余"。

袁枚奉令前往南京江宁，就任知县之职。1743 年，年仅 27 岁的他成了溧水知县，溧水县距南京东南有 80 公里远。从京城南下途中，他绕道去攀登五岳之尊②——泰山（海拔 1545 米）。或许和现代运动员乘坐缆车和滑雪升降机"登山"一样，"攀登"用在此处也不太合适，因为袁枚是

---

① 出自袁枚《随园诗话·卷十》。
② 原文意为"中国境内的最高峰"，存在错误，故译者对此进行了修改。

坐在用绳子悬挂的篮子里,被两个挑夫抬上去的,他蜷缩在篮子里"像一只蚕",而挑夫就像"螃蟹"一样在石板路上侧身而行。

第三章
七载芝麻官

简亲王德沛（1688—1752）任命袁枚为溧水和江浦知县，德沛是一个信奉儒学的苦行者，在1742年和1743年曾任江西和江南总督。袁枚在为他所写的讣告中说道："王面颀无鬚髯，颐雷如矢，道气盎然。服侍皆内监宦者。每见属吏，南面坐，监司以下长跪白事。外于周、孔仁义，一不关口。闻人善则信，闻人过则疑。以和颜接士，士之晓经术能吏治者，尤笃爱如子弟然……袁枚宰江浦时，王过境，庄从索供顿，势甚张。枚以实启王，严檄禁督，嗣后肃然。以此受知尤深。"①

大约在1718年，德国耶稣会传教士伊格纳修斯·科格勒（Ignatius Kogler）②给一位亲王施洗礼。根据提供的信息来看，这位亲王很可能就是德沛。甚至有人认为，德沛的作品

---

① 出自袁枚《和硕简亲王碑》。
② 中文名为戴进贤。

受到了基督教的影响。在我看来，中国天主教史学家陈垣引用的内容并没有包含任何具体的基督教思想。然而，若想判断同时期的儒学是否有与其思想相似的内容（例如关于凡人之躯与不朽灵魂的观点），则需要对 18 世纪的儒学有更深刻、细致的认识。在一首关于德沛的诗中，袁枚写道：

> 讲学俗儒耳，惟公便觉雅。
> 为问所以然，一真黜百假。①

起初我非常想用"One Truth"（即基督教中的"唯一真理"）来翻译上文诗中的"一真"，认为袁枚所指就是德沛信仰基督教；但现在我怀疑这是不是他的本意。我认为德沛信奉基督教的时间只有几年而已，但事实并不明晰。

袁枚任职溧水知县时，其父亲袁滨客居桂林，特意到溧水打探情况并与他团聚。在后来的一首诗中，袁枚提到了自己的父亲：

> 我昔知溧水，阿爷客桂林。
> 得信买舟归，慰我迎养心。
> 虑我年尚少，居官力不任。
> 入境带草冠，貌作路过叟。
> 召集翁若妪，问某官贤否。

---

① 出自袁枚《诸知己诗十三首·其十·两江总督德公济斋》。

曰是翰林耶，年才廿八九。
折狱最聪强，居心颇慈厚。
一村复一村，好字不离口。
爷闻不易服，骑驴直上堂。
举家不及知，错愕争扶将。
我既失远迎，长跽心惊惶。
谁知爷喜甚，即序此因由。
道汝能循良，较胜罗珍羞。
是夕便加餐，齼然笑不休。
我生愧孝行，嘐嘐常自嗟。
只有者番事，差足慰些些。
汝今复作令，努力为民爹。
须防微服来，阿兄如阿爷。①

翰林院的气氛自由轻松，前辈和后辈几乎平等相处。但在地方上，上级对下级则有许多清规戒律。在给上级写信时，必须用小号字书写署名和官衔，以免显得与上级平起平坐；在拜见这些大人物时，下跪也不能发出一点声音，否则将视为不敬；但是袁枚总是忘记这些繁文缛节。袁枚恪守职责，决心当一名好官。他从翰林院的"无为世界"来到"凡间"，不知道等待他的是什么。前任知府并没有鼓励他，而是告诉他溧水的知县并不好当，这个地区难以治理，饥荒肆虐，而

---

① 出自袁枚《闻香亭宰正阳再以诗寄》。

且年初庄稼受损严重,百姓总担心粮食收成不好。一群愤怒的妇女拦住了官员的马车,爬上车辕,咒骂他们横征暴敛。

袁枚在溧水仅当了一个月的知县,关于这期间的故事只记有下面这段插曲:

> 有个体面人家的姑娘与祖母同住,姑娘和自己的外甥存有私情,一起私奔后,被抓到,然后带到我这里来治罪。当时正值盛夏,烈日当空,姑娘跪在堂下,脸上汗水划过,仿佛在发光。男人是个制革匠,面貌丑陋。我不禁想起了那句诗"燕婉之求,得此戚施!"我不明白她怎么会跟这样一个男人在一起。我审问她时,姑娘哭泣着说:"发生这样的事,一定是前世所造的孽。否则,我怎么会因为一时的迷恋而让祖先蒙羞呢?"她的祖母勃然大怒,我轻声劝了劝她,之后下令打了男人一顿,把姑娘送回了家。此谓之"燕婉之求,得此戚施!"①

袁枚很快又被调到了位于南京西北部,长江以北的江浦,他在那里待了几个月,然后又去了江苏北部毗邻山东省的沭阳。1743年,也就是娶妻仅四年后,袁枚就纳了陶姬作妾。陶姬"工棋善绣",还会弹奏《楚明光》,这首曲子讲述了春秋时期楚国一位大臣被冤枉为叛徒的悲怆故事。袁枚与妻子王氏并没有生儿育女,这可能是他纳妾的原因。但我更倾向

---

① 出自《诗经·新台》。

认为与他幼年定下娃娃亲的王氏并没有那么好看，因此袁枚纳陶姬为妾主要还是被她的美貌所吸引。

同样是在1743年，沭阳在洪灾后又经历了长期的干旱。当地一些官员试图救灾。百姓在赈灾点互相推攘、抢夺，得到了能够勉强维系几周的粮食，大部分人则空手而归。袁枚每天早晚上香求雨。主要收成是没有希望了，但晚种的庄稼或许还有挽救的机会，于是在六月二十一日，袁枚下令举行游龙祈雨仪式。两天后，终于天降甘霖。

沭阳的百姓受溃疡折磨已久，尽管此处离海有八十多公里，但袁枚还是觉得是海风在祟。他在春天曾发作过一次，但很快就恢复了；但在秋末复发时，用了雄黄和苍耳疗养他才得以痊愈。

沭阳当地没有粮仓让百姓存放朝廷征收的漕粮，最近的粮仓远在五十公里外。富人当然可以用马车或者骡子运送，但穷人只能背着筐子一点一点搬运。漕粮运到后，负责收粮的旗丁又说运来的粮食不达标；但是由于之前的洪灾和旱灾，好粮早就没有了。得知此事后，袁枚写了一首诗，题为《征漕叹》，为民请命，向朝廷揭露征收漕粮的官兵的恶行。尽管这不过是押韵的散文，未能真正升华为诗，但极为雄辩。

1744年秋，袁枚改任江宁（今属南京）帘官（同考官）。虽然一年前袁枚已经开始蓄须，但他认为主考官还是觉得自己太年轻，于是向主考官解释说自己为官任职已六年之久。袁枚四次考试落选，对他而言，目睹考生落选着实令人痛心，于是他写道：

榜后但闻举子怨，此时谁识帘官愁。①

在此次考试中，袁枚认为其中有一篇以《五经》内容为题的文章，远超其他，可判为优秀。但是主考官摆了摆手，说入选人员额度已满，便将其淘汰。袁枚为此据理力争，但由于他言辞激烈，得罪了主考官，结果适得其反。袁枚对此愤愤不平，感慨万端，故作诗曰：

明知额满例难破，额内似渠有几个。②

于是袁枚总结说，考试结果取决于命运，全凭气运，而非自身文学素养。对此他提到了大诗人苏东坡的经历。1057年，苏东坡在科举考试中失利于一个叫李方叔的人，而此人竟是无名之辈，如今无人知晓。所谓的"满额"是指每个地区能通过考试的考生数量有限。

同年（1744），袁枚家里发生了两件大事，对其造成了极大的影响。袁枚收到来信，八年前在桂林同住且关系深厚的叔父袁鸿已经在1740年去世了，这个消息因先前的信件丢失而迟迟未到。袁枚的弟弟袁树当时和叔父袁鸿一起住在桂林，得知消息后，袁枚立刻派人将彼时年仅十四的袁树接到了杭州的父母家中。袁树后来成为一名知名画家。

另一件事是妹妹袁机（字素文）的婚事，她比袁枚小四

---

① 出自袁枚《分校》。
② 出自袁枚《分校》。

岁。这段婚事说来奇怪。父亲袁滨的好友高清原是湖南衡阳县知县高清的幕友，两人相处得很好。高清死后，由于亏欠国库钱粮的缘故，妻儿被送进监狱，袁滨尽全力救助，帮助他们打赢了官司，高清之弟高八因此非常感激袁滨。1723年，袁机四岁，高八提议若其妻诞下男孩，便同素文定下娃娃亲，并赠金锁为信物。之后，袁滨辗转于中国的西部和南部，在多地担任小官职，与高家失去了联系。1742年，当袁滨再次与家人住在杭州时，高家派人来了，说袁机的未婚夫病重，无法结婚。但那时袁机已经二十二岁了，在当时已算大龄，很难另寻一门亲事，但是嫁给一个病弱的丈夫也不好，对此袁枚的父亲不知该如何回复，而在一旁的袁机"持金锁而泣，不食。先君亦泣，亦不食。"袁滨没有办法，只好按照女儿的意见回复高家说，这门婚事依旧作数。袁机对素未谋面的未婚夫竟然如此忠诚，这令高家和朋友们颇为惊讶。没过多久，高八去世，他侄儿前来告诉袁滨，他那位堂弟不是有病，而是有兽行，高八曾想用杖打死他，没想到竟活了过来，高八恐怕以怨报德，故而辞婚，让袁机不必伤心。①

"兽行"指的是乱伦。这个词涵盖范围很广，与同胞姐妹、堂姐妹以及兄弟的妻子以及父亲或祖父的姜室发生性关系，都算是乱伦。从西方人的角度来看，袁滨竟然接受了一个自己素未谋面并犯下兽行的男人作女婿，这确实非常奇怪。袁枚对此并没有发表言论，因为这样做意味着批评自己的父

---

① 出自袁枚《女弟素文传》。

亲,这在当时是不可接受的。

高八之子叫高绎祖,生得矮小,驼背斜视,性格暴躁狠毒。他看到书卷就发火,袁机自此不写诗;他看到女红又发火,袁机自此不持针黹;袁机的嫁妆都被他卖为赌资。此人动不动就对袁机拳打脚踢,用棍子打,拿火灼,婆婆来劝阻竟被打断了牙齿。最痛心的是,高绎祖竟然想把袁机卖了还赌债。袁机没有办法,逃到福成庵托人捎信给父亲,袁滨大怒,告到官府让女儿女婿离婚。袁机在如皋大约生活了四年,她与高绎祖生有一个女儿,名为阿印,是个哑巴。袁枚诗"有女空生口,无言但点颐",说的就是她。离婚后袁机回到娘家,但仍旧了无生气,是谓"自离婚后长斋,衣不纯采,不髲髢,不闻乐,不病不治。偶风辰花朝,辄背人而泣"。①

回到沭阳后,她听说徐州知府庄亨阳(1686—1746)即将巡访沭阳。袁枚写道:"淮海道庄公来巡,相传有理学名,疑其峻而难近也,心憾焉。既至,则循故事馈餕卺,公一切勿拒,曰:'物已烹饪,却之是暴天物而违人情也。凡宾飨与主人共之,礼也。'"②

对于庄亨阳巡访沭阳,《清稗类钞·吏治类》中记载:

> 庄亨阳巡沭阳钱唐袁枚令沭阳,淮徐海道庄亨阳来巡。适馆,馈餕卺,受之,止袁共饮。问沭水原委、簿领利病甚悉,旁及山经、地志、星象、乐律甚辨。翼日,

---

① 出自袁枚《素文女子遗稿》。
② 出自袁枚《淮徐海道按察司副使庄复斋先生传》。

会诸生于学,讲《中庸》卒章,款款尽意,闻者色动。翼日,校丁壮发矢,矢旁决,爇火器,器闭。诸丁伏地请罪,袁亦起谢。亨阳乃弛外衣,手弓而前,教如法。矢发,十八人无不当鹄者,火器亦如之。毕,就坐,笑谓袁曰:"而奚慊慊耶,专心治民。吾职在巡,年年来,为子教之可也。"从苍头二人,僮一人,皆自饮其马,临去,犒以金,坚不受。后卒于官,民为罢市,号哭,赙以钱,一日至六千缗。

由于袁枚在沭阳任知县时颇有政绩,很得恩人尹继善的赏识,1745 年他升任江宁(今南京市)知县,肩上的责任也更重,毫无疑问他忙得不可开交。诗中记载:

> 为言不见良如何,朝朝五鼓车马驮。
> 参谒大吏苦迎送,应答宾客时奔波。
> 金陵内城六十里,约略一转时光过。
> 归来但见灯两廊,夕阳同下如牛羊。
> 孀孺崽子拦满道,牵裾各各陈衷肠。
> 但恨长官归来晚,不知长官未餐饭。
> 忍饥息气排衙坐,欲决不决头屡顾。
> 既恐羁迟转累民,又恐仓皇事多误。
> 乱丝抽割将下堂,犹有秀才呈文章。
> 使君既自翰林出,不加礼貌非循良。
> 星落更沉风转紧,簿书束束如春笋。

滴墨研朱细讨论，吏胥乘间犹舞文。
回首纷纷幕府进，公事俯张多报信。①

这首诗叙述的是，夜深人静时，大量急需处理的事务纷至沓来："岸狱稍宽逸数囚，仓谷逢霉烂一寸。"处理完这些，接着"倦极酣眠门又响，失火民呼公速往"。

火灾的那个晚上虽忙乱疲惫，但袁枚也邂逅了一美少年，他写道："乙丑余知江宁，救火水西门；见喧嚷时，一美少年着单缣衣，貌颇闲雅，异而问焉。曰：'秀才也。姓龚，名如璋，号云若。'次日，以文作贽，来往甚欢。后十年，中进士，改名孙枝。"但出于救火紧迫，他们二人并无过多交流。龚后出宰山西榆次县，王师西征，烹羊享兵，得奇句云："拔刀割肉目眦裂，太平时羊乱时妾。"

袁枚任江宁知县时，有许多有趣的逸事能够展现袁枚的为人和非凡的学识。据袁枚的孙子袁祖志（1827—1898）称，这些逸事被辑录在《随园诗话》中，该书广为流传。袁祖志还说到，人们将一些短篇小说，比如《蜈蚣吐丹》《驴雪奇冤》《人畜改常》《摸龙阿太》，排练成一些滑稽的戏曲小调，在街头表演。在1795年的一首诗中，袁枚写道：

休提往日舆人诵，风影讹传五十年。②

---

① 出自袁枚《俗吏篇》。
② 出自袁枚《自寿诗亦嫌有未尽者再赋四首·其四》。

他补充道:"市井中的戏子仍在演绎我在江宁任职时的治理逸事,但它们全都是虚构的,就像杜撰的《东方朔传》。"关于袁枚判案的逸事流传至今,在各种记录他生平的传记中都有记载(与戏本里的有所不同),描绘了模范地方官的典范。然而即便有些故事在某种程度上是真实的,也不可完全视为正史;但这些逸事几乎是当今普通人对袁枚早年生活的全部了解,就像谈到阿尔弗雷德,大部分人只知道他烤煳过蛋糕一样。在这里,提两则故事。当时有一块乡间土地,因为没有地契,所属不明,导致附近两家人聚讼多年,争执不休。袁枚见他们打官司的状纸前前后后堆起来有山高,就笑着说:"讼久则破家,吾当为若了之。"于是把所有案牍都作废,重新测量土地,发给地契,使他们各自耕种,一起积案就此告终。在这种情况下,中国的地方官确实拥有很大的自由裁量权。如果严格执行法律会对所有相关方造成损害,那么就可以用"理"(常识、道理),即使是小官也能够主动做出合理但不合法的决定,而无须(像在英国那样)等待议会出台特别法案。

另外一件事是,一艘贩布的商船在江上和一艘战船相撞,致使一个士兵落水身亡。其余士兵仗势把商船扣下,告到了官府。袁枚明白如果他判定为意外杀人,按律商人肯定赔得倾家荡产,因此,他仅将此案判为船只相撞的事故,并对水手和商人说:"你们最好趁风扬帆。"随后,他给士兵们一些钱用于支付同伴的葬礼,并宣布案件结束。

乾隆十年夏,李秀才来到衙门报案,称自己的儿媳失踪,随后又出现在离城九十里的铜井村,他认为儿媳必是与村中某人有奸情,跟奸夫私会去了,便报案要求离婚。该女子否认私会一事,声称是在五月十日那天被台风卷走。李秀才不信这一说辞。袁枚说:"古有风吹女子至六千里者,汝知之乎?予取元郝文忠公《陵川集》示之,曰:'郝公一代忠臣,岂肯作诓语者?第当年风吹吴门女,竟嫁宰相,恐汝子没福耳!'"秀才读诗大喜,两家婚配如初。制府尹公闻之,曰:"可谓宰官必用读书人。"① 关于郝经的故事,原著中只有一小部分记载。其中,并未找到"飞天女"的故事。但毫无疑问,在现存的完整故事中可以找到。需要注意的是,这则故事出自袁枚本人,讲述的是他担任南京知县期间的经历,并非后人转述。

  1746年初,他回忆起一段奇妙的友谊:"余知沭阳时,试童子周某文佳,疑非其任,侦之,果其师吕君作也。呼吕见,则淮之弟子员,名文光。余倾衿礼之,为磨砻所学。邑之人以为令得重客。居亡何,余移知江宁。年馀,行呼唱于衢,有儒衣冠揖车下者,文光也。问何所欲,曰:'自公去沭,文光为文终莫得开说,故弃馆觳来就公。'余嘉其志,为牒制府,列名书院,而延之衙课两孤甥。文光伺案牍毕,辄袖文请益。余幸直而治文尤苛,或嚌于意则啁诟杂作,甚至裂其文投地。文光磬折取去,色不稍忤。彻夜构削毕,则又拱而侍,无倦容。"② 1753年,吕文光娶了袁枚妻子的妹妹,

---

① 出自袁枚《随园诗话·卷四》。
② 出自袁枚《吕文光哀词》。

成亲时穿的红袍是袁枚借给他的。1754年,当袁枚身患疟疾、病入膏肓时,吕文光对他关怀备至,但由于悲伤至极,无法好好照顾袁枚。后来,吕文光成了河南某个地区的府尹(1757),并写信表示愿意拿出部分薪酬来印刷袁枚的地理诗和散文。袁枚回答道:"这事不急,等我年纪稍长、比现在更富有智慧,你也比现在更富足,那时再印刷成书亦不迟。"吕文光本打算退休后,到袁枚家附近居住,却不幸病逝了。二十多年来,他一直是袁枚最忠实的追随者和最亲密的朋友。

1747年,一棵古银杏树被大火烧毁,袁枚由此作诗一首:

半夜木鸣天忽曙,空山无人火在树。
槎枒散作金黄云,九天灰落烟纷纷。
黑风迸裂空心血,枝枝叶叶飞晴雪。
孤根一气共死生,倒烧直下三千尺。①

在诗中,袁枚想象一千多年以前,在某个不复存在的宫殿中,人们在花园里种下了这棵银杏树;随着时间的推移,长得枝繁叶茂,高大挺拔,工匠们造房子都用矮桩,树太高了不容易锯成横梁和椽子,也因此,银杏树得以存活数百年之久。他在诗的结尾写道:

哑哑乌鹊休怆神,巢焚厦倾理所存。君不见老僧踣

---

① 出自袁枚《古银杏为火所焚》。

躅树下悲,遮云护日今为谁。①

1747年夏,时任两江总督尹继善一直很赏识袁枚,于是举荐他担任扬州高邮太守,这个职位比他在江宁的职位重要得多,但最终被吏部驳回。

1748年初,袁枚前往苏州给尹继善拜年,途中暂住在好友唐静涵的家里。为接待袁枚,唐静涵大举盛宴,宴会上他还带来了不少苏州美女。但在袁枚看来,她们都比不上唐静涵的婢女。唐静涵得知后成其好事,将婢女聪娘许给袁枚为妾。于是,方聪娘便成了袁枚的第二个妾。其实在去苏州的路上,他也见过另一位姑娘。一位在扬州担任临时知府的李先生来信说,他认识一位姓王的姑娘,想把她介绍给袁枚为妾。袁枚雇了一只船去扬州,在观音庙见到了这女孩,女孩与母亲住在那。女孩芳龄十八,身材很好,任凭袁枚上下打量,拉开裙角,拨开鬓发,完全没有表现出不满。袁枚一度想收她为妾,但她的肤色不太符合袁枚的标准,于是放弃了这个念头。到达苏州后,袁枚派人再去看她,但一个江南小吏已经把她给抢走了。这实在不是袁枚令人感到钦佩的时刻!

1748年末,袁枚以奉养母亲、调养身体为由辞官归乡。在当时,以此为由辞官休息,是被允许的;但如果三个月的假期结束仍不补官(休假期间会照常发放俸禄),便会失去任职资格。

---

① 出自袁枚《古银杏为火所焚》。

"适长沙陶士璜方伯调任福建;路过金陵,谓余曰:'子现题升高邮州,宪眷如此;年方三十,忽有世外之志,甚非所望于贤者也。'余虽未从其言,而至今感其意。"① 经过深思熟虑后,袁枚写信给陶士璜,否认(陶士璜显然是这样断言的)辞官是因为耻于放归县令、耻于身为官奴、耻于升迁受阻。他接着说,在大城市里,知县的职责主要是迎合高官,这是我非常不擅长的事;为百姓排忧解难才是我擅长的。接着,他以和之前诗中相似的方式描述了他为官生活的一天,并最后(或许有些修辞地)说:"我只希望有一个十户人家的村庄,我可以随心所欲地生活,仅仅通过向他们宣讲先王之道就可以让他们遵守规则;这样的话,即便我只是一个小捕快,也可以在那里心满意足地度过一生。但是在大城市中为官,则要一直奔波,我敢说,即便是名将蒙恬和夏禹,奔波一生不得休息,也是做不到的。而我所要求的就是能够休息,不该因为这样一个小要求而责备我。"他声称不曾因未能获得高邮知县职位而心怀不满,这很可能不是真话。他在《随园老人遗嘱》(1797)中写道:"蒙总督尹文端公保荐高邮州知州,部驳不准。我心不乐,适老母患病、遂乞养归山。"②

辞官意味着不能再继续住在官邸,袁枚不得不四处寻找住处。他花了三百两银子(一月俸禄,按当时汇率约为 100 英镑)买下了江宁织造隋赫德的园墅。隋赫德去世后,这块地就荒废了。此处"园倾且颓弛,其室为酒肆,舆台嚾呶,

---

① 出自袁枚《随园诗话·卷六》。
② 出自袁枚《随园老人遗嘱》。

禽鸟厌之，不肯妪伏，百卉芜谢，春风不能花。"让袁枚欣慰的是，这里正是千年前大诗人李白梦寐以求的地方。后来他又写道："雪芹撰《红楼梦》一部，备记风月繁华之盛，中有所谓大观园者，即余之随园也。"相传该园故址早先为明末文人吴应箕寓居金陵时的私家园墅"吴氏园"，文学名著《红楼梦》作者曹雪芹的父亲曹頫后来购得并予改建。后来又因曹家获罪，该园被雍正朝廷没收，划拨给继任江宁织造隋赫德所用。

彼时园林之盛，袁枚亦曾在《随园诗话·卷十一·三十》中有所记述："随园四面无墙，以山势高低，难加砖石故也。每至春秋佳日，士女如云，主人亦听其往来，全无遮拦。惟绿净轩环房二十三间，非相识者，不能蘧到。"

完工后的随园由二十四座亭台楼阁组成，或独立于庭院之中，或环绕小院而建。亭子后面是一片人工湖，被一条蜿蜒曲折的堤道（仿杭州西湖苏堤而建）分成两部分，湖上有驼峰小桥，船只可以穿过桥洞在湖的两部分之间通行。人工湖西侧的建筑是仿照南京栖霞寺而建的，1751年乾隆南巡时，就住在栖霞行宫，官方认为这极大地增加了其圣洁感。是尹继善建议乾隆皇帝住在栖霞行宫，也是尹继善为袁枚的仿建物题写了"小栖霞"的匾额。

第四章
居随园　赴西北

　　1749年,听闻母亲生病,袁枚于正月初四离开江宁衙门,前往杭州。正妻王氏、姜室陶姬和方聪娘先他一步到达杭州。陶姬不久前为他诞下第一个孩子,是个女儿,取名阿成。袁枚写了一首长诗来记录此次杭州之行,这首诗华丽却晦涩难懂,这也许反映了他的不安,因为周围的亲戚几乎都已不再熟悉。他说,听到许久未闻的乡音,内心竟然有些迷惘无措。在离开杭州之前,妻子王氏打开了两个蓝色的首饰盒,把一些首饰拿给袁枚让他去卖掉,并告诫袁枚除了这些首饰和其诗作,家里没有任何经济来源。袁枚带着堂弟袁树和外甥陆建回到江宁,大概是想在随园里的某个废旧亭子里草草住下吧。

　　1749年冬,袁枚病经吴门名医薛雪(号一瓢)治愈。当时中国有两大医学流派,传统派(代表人物徐大椿,1693—1771)主要依据古代医书进行治疗,这些医书的历史可追溯到公元前几千年；现代派（代表人物薛一瓢，1681—1775）更倾向于参考后来的医学经验。古代中国"医""巫"不分。的确这两个词大致可变成一个词，泛指医者。在某种程度上，儒家学者都瞧不上这两类人，因为在悼词中经常可以读到，逝者在弥留之际"态度坚决，拒绝接受医生或巫师的治疗"。薛一瓢虽属"现代派"，但这并不意味着他在病床前秉持科学的态度，不会封建迷信。下面是薛一瓢看病时的情景。《随园诗话·卷五》中记载了薛一瓢的两则经典医案。乙亥春（1755年），袁枚的疱人①王小余病疫不起，即将装殓入棺。连夜赶来的薛一瓢用蜡烛照着目闭气绝的小余说："吾好与疫鬼战，恐得胜亦未可知"，说罢从药箱里拿出一丸药，捣石菖蒲汁调和好，让年轻力壮的车夫，用铁箸锲其齿灌服，鸡鸣时小余即苏醒，再服二剂而病愈。

第二则故事是一次所谓的"鬼附身"事件。乾隆十五年（1750年），袁枚客于苏州江雨峰家，江雨峰的儿子江宝臣从金陵参加乡试回来后大病一场。江雨峰找遍了远近的名医来给他儿子看病，但他们似乎都束手无策。他听闻袁枚和薛名医关系很好，坚持求袁枚写信请他来。袁枚和江雨峰正站在大门口迎接薛一瓢，忽然听到屋里的江宝臣喊道："顾尧年来矣！"，接着又喊道："顾叟请坐"。顾尧年是苏州的一介平民，曾经挺身而出给当地百姓争取利益，抗议官府米价过高，还带人殴打了官吏，最后被苏州的巡抚处死。被顾尧年的鬼魂

---

① 疱人：厨师。

上身的江宝臣坐了起来，并说："江曰江相公你已中乡试三十八名矣病亦无恙可自宽解，赐我酒肉我便去。"听了这话，江父急忙跑进他的房间，试图安抚他说："顾叟速去，当即祭叟。"顾尧年附身的江宝臣说："外有钱塘袁某官，喧聒于门我怖之不能去。"他继续说："薛先生到门矣，其人良医也我当避之。"江父刚把袁枚拉到了一边，好给顾尧年的鬼魂腾位置通过。这时薛医生也刚好来了。他们马上把刚才发生的事情告诉了薛一瓢，薛一瓢听后哈哈大笑，说："鬼既避我二人请与公同入逐之。"袁枚拿着扫把在房间里扫地，薛医生为江宝臣把脉诊断。开了一剂药给江宝臣喝下后，他就康复了。乡试放榜时，江宝臣果然榜上有名，排名第三十八。又过了几年，乙酉冬（1765），厨人张庆"得狂易之疾，认日光为雪，啖少许，肠痛欲裂"，诸医诊治不效。薛一瓢诊察后说："此冷痧也，一刮而愈，不必诊脉。"薛一瓢为张庆刮痧后，张庆身上出现的黑斑如掌大，亦霍然而病失。袁枚赞叹其简便高超的医术，薛一瓢说："我之医，即君之诗，纯以神行。"

疱人王小余是个奇人。袁枚在《厨者王小余传》记载道：

　　初来请食单；余惧其侈，然有颍昌候①之思焉，嗃曰："子故窭人子，每餐缗钱②不能以寸也。"笑而应曰："诺。"顷之，供净饮一头，甘而不能已于咽以饱。客闻

---

① 颍昌候：西晋何曾"日食万钱""厨膳滋味，过于王者"，贪嘴之意。
② 缗钱：串起来的铜钱。

之，争有主盂之请。小余治具，必来市物，曰："物各有天。其天良，我乃治。"既得，沺之，奥之，脱之，作之。客嘈嘈然，属餍而舞，欲吞其器者屡矣。然其簋不过六七，过亦不治。毕，乃洪手坐，涤磨其钳钙刀削筜鼎之属，凡三十余种，庋而置之满箱。他人掇汁而捼莎学之，勿肖也。或请授教，曰："难言也。作厨如作医。吾以一心诊百物之宜，而道审其水火之齐，则万口之甘如一口。"问其目，曰："派者先之，清者后之，正者主之，奇者杂之。视其舌倦，辛以震之；待其胃盈，酸以厄之。"曰："八珍七熬贵品也子能之宜矣赚嗛二卵之餐子，必异于族凡何耶？"曰："能大而不能小者，气粗也；能当而不能华者，才弱也。且味固不在大小、华啬问也。能，则一芹一菹皆珍怪；不能，则虽黄雀鲜三楹，无益也。而好名者有必求之与灵筲之炙，红虬之脯，丹山之凤丸，醯水之朱鳖，不亦诬乎？"曰："子之术诚工矣。然多所炮炙宰割，大残物命，毋乃为尊饮？"曰："庖牺氏至今，所炮炙宰割者万万世矣。乌在其擎庖辆也？虽然，以味媚人者，物之性也。彼不能尽物之性以表其美于人，而徒使之枉死于鼎镬间，是则辱之龙者也。"曰："以子之才，不供刀匕于朱门，而终老随园，何耶？"曰："知己难，知味龙难。吾苦思弹力以食人，一肴上，则吾之心腹肾肠亦与俱上；而世之贪声流歌者，难奇赏吾，而吾伎且日退矣。且所谓知己者，非徒知其长之谓，兼知其短之谓。今主人①未尝不斥我、难我、掉馨我，而皆刺吾心之所隐疾，是则美脊之苦，不如严训之甘也。吾日进矣，休矣，终于此矣。"未十年卒。余每食必为之泣，且思其言，有可治民者焉，有可治文者焉。为之传以咏其人。

该从疱人回到医者上来了。在袁枚看来，二者并非完全割裂开来，因为像许多食客一样，他的肠胃也不好，虽然吃自家厨师做的饭没什么问题，但他知道在外就餐就很难控制了。1751年尹继善回到江宁，袁枚经常在他家用餐，于是给尹继善写道：

> 又听军中有一韩，
> 江南父老望衣冠。
> 旧厨妇喜调羹易，
> 新病医看下手难。②

很久之后（也许是在1775年前后），薛一瓢寿终正寝，袁枚打算写一篇关于他生平的文章。令他不解的是，薛一瓢的孙子在讣告中只字未提他是一名医生。在他孙子看来，祖父最值得骄傲的成就不在于他的医术，而是他曾给一个学生教授哲学，这个学生后来也成了内阁大学士。

---

① 主人：随园主人，即袁枚。
② 出自袁枚《小仓山房诗集·卷七·闻尹官保仍来江南》。

同年（1750），袁枚在苏州又病倒了，这次还是薛一瓢治好了他，疗方只是煎服楤桲（大概是楤桲叶），以代茶饮而已。

1751年，乾隆南巡。皇帝南巡无疑在一定程度上让国家对其君主有所关注，但会耗费大量的财力。原本运往京城的大部分粮食都得留在南方，因为除皇帝外，皇太后、皇后等妃嫔都要同行，另有大批官员和随从，队伍庞大，也不知道会消耗多少粮食，因此必须不断进行调整。当然，在宣布出巡的圣旨中，乾隆也一如既往地表示，接待他的规模不需要很大，以免给百姓造成负担。但地方官认为这只是乾隆的客套话，不愿意冒被弹劾不忠的风险。因此，官员们大肆建"凯旋门"，修缮或重建大运河堤岸，以安全容纳大批聚集在岸上观看皇家驳船队伍的百姓。沿途还需建造临时宫殿。这些工程要征用大量劳工；但每年这个时候，正是农忙亟须用人的时候，这也就导致物价上涨和通货膨胀，财政部门就会像战时一样增加货币发行。不仅国库和广大民众受到影响，那些被皇帝指定访问的名门望族也常常因为接待费用之高昂而陷入贫困。

1751年二月，乾隆抵达苏州，并在那里停留了五天。与其他文人一样，自去年二月起一直待在苏州的袁枚也应邀创作了一首谀颂诗。这首诗共二十四行，充满了复杂的典故和华丽的辞藻，几乎难以翻译，而且翻译它也没有什么意义。很难相信创作这些牵强附会、谄媚至极的诗能给诗人带来什么乐趣，但袁枚如果不把它收入《随园诗话》，就会被视为不忠。在这些问题上，袁枚是非常严谨的，因此这首诗被正式收录在第七卷中。

当时的两江总督黄廷桂（1691—1759）非常不受其他官吏待见，其中一个原因就是在乾隆南巡时大肆操办，劳民伤财。早在1750年夏，袁枚的同乡好友钱琦就向皇帝奏禀此事。皇帝看完奏折认为钱琦夸大其词，但也答应了会对此事进行调查。大约在皇帝出访期间，袁枚以"带病之官"的身份给黄廷桂写了一封长信，信中分析了他不受其他官吏待见的原因。

信中大意是：

> 皇帝身边有敢于直言的臣子（诤臣），而地方督抚却没有敢于直言的下属（诤吏），原因在于两者对待反对意见的方式不同。如果臣子违背皇帝的旨意，皇帝会因为臣子的忤逆行为而惩罚他，但这样做的原因天下人都会知道。因此，那些追求名声的人可能会愿意冒险直言，以此来获得名声。然而，如果下属违背了督抚的意愿，督抚不会因为下属的忤逆行为而直接惩罚他，而是会找其他理由来弹劾他。这样，下属被惩罚的原因就不会为外界所知，那些追求名声的人就不愿意这样做。

> 总督在甘肃担任督抚时有两件大事：一是在皇帝命令他带兵出征边疆时，坚决不动，甚至封还皇帝的诏书，最终使得边疆百姓得以安宁；二是当鄂尔泰如日中天时，只有您敢反对他。您在任江南三年期间，至今"羽毛未

丰"，但百姓对您怨声载道。您没有弹劾贬斥官员，但整个官场充满了不满。您对军队没有任何偏见，但军队却与您不和。您既没有接受贿赂，也没有贩官鬻爵，但您的管理被视为腐败。这一切的根源在于您的机制吸引了无用之人，而排斥了有用之才。它能够使您在野蛮的边陲之地确立权威，但在中原的朝堂之上不合时宜……

您没有意识到，个人差异丝毫不亚于民族之间的差异。您以不严惩、不处决官员为荣，只通过庄重严厉的言行来震慑他人、树立权威。您也没意识到，对于某些人来说，无论多么严厉的惩罚或责骂都不起作用；而对于另一些人，如果嘉奖和举荐不符合礼数的话，他们也会不屑一顾。世界上有些人即使送给他千金之财，他也不会接受，但一句话就能让他们终身为您效力；而有些人即使看到轻微的不悦表情也会感到深深的羞耻，但面对严苛的刑罚能泰然处之。然而，您却坚持一视同仁地对待所有人。您在甘肃是急行军，必须迅速持续地获取情报信息，此项任务由军队的普通士兵负责执行，他们知道如果提供的情报属实将获得奖励，而如果情报不准确也不会受到惩罚。如今，您将这一方法应用于温和且安逸的华南居民，不言而喻，这完全不起作用。

当皇帝南巡时，需要劳力修建桥梁等工程，因此免除了普通税赋。然而，出乎意料的是，为了筹备这些工程，每户却被征收了一项特别税款。尤其令人惊讶的是，在宣布南巡的圣旨中，皇帝曾多次表达不愿给百姓增加负担的意愿，而您却无视这一要求，认为皇上说的并非他的真实意思；实际上，您是按照"君行令，臣行意"这一原则行事。您还认为南方民众狡猾，缺乏爱国之心，需要通过严厉的手段来提醒他们的职责。但爱国是种美德，是自然而然产生的，不是靠武力可以强迫的。①

在信的后半部分，袁枚得出了一个结论，认为两江总督实际上是在追求不受欢迎的形象，以便皇帝可以说："此人没有朋友，也不属于任何党派；他所想的只是对我的忠诚。"这封洋洋洒洒的信（我这里只做了部分概述）以"死罪，死罪！"这样的字眼结尾，意思是"如果因为我说了这些话必须死，那我也甘愿赴死"。

然而，他不仅没有"死"（笔者将在后面说明），反而因为这封信，得到了朝廷资助的一次西北之行，前往他从未踏足却急切地想去了解的中国西北地区。在中国艺术和诗歌创作最辉煌的时期，这里曾是中国文明的中心。他本来就没有打算彻底退休，只是短暂"可憩于树下"而已；在写这封信的同时，他也申请了一个新职位。他奉命先到京城报到，然后前往西安（陕西的省会）任职，但还不知道是什么官职。

1752年初，袁枚冒着严寒，行陆路前往北京。重涉官场，他深感"偶探紫气出函关，不信新婚亦素冠。"② 他坐着摇摇

---

① 出自袁枚《上两江制府黄太保书》。
② 出自袁枚《秦中杂感·其七》。

晃晃的马车穿过安徽东部，感觉自己"就像一只在笼子里挣扎的小龙虾"，十分不适。当在滁州附近的一间茅屋短暂停留时，他抖落身上的积雪，感叹此刻的温暖"价值千金"。到了山东，天气好转，他登上了峄山，希望能在山顶找到秦国丞相李斯为秦始皇所立六块功德碑之一的《峄山碑》。这块碑立于公元前219年，早在千年前就已经遗失或被毁。他写道："不见秦王碑，亦无禹贡桐。"[1] 泡桐树应该是公元前三千年在那里生长的，消失也并不奇怪。后来他到位于山东北部的东阿县，又开始寻求古迹。在东阿，他写道：

荒冢有碑频勒马，酒家无壁不题诗。[2]

我认为虽然这两句诗有些滑稽，但此诗的体裁是当时备受追捧的"机械对仗。"[3]

3月，袁枚到北京。他站在熟悉的大门前，看着陌生的身影进进出出。在十年前他曾与友人常常漫步的花园里，似乎只有黄莺鸟成了他"唯一熟悉的活物"。完颜留保（1686—1762，满洲正白旗人）在家中热烈欢迎袁枚，他是一名满洲

---

[1] 出自袁枚《登峄山》。
[2] 出自袁枚《东阿道中》。
[3] "荒冢有碑"与"酒家无壁"形成了鲜明的对比，而"频勒马"和"不题诗"则是动作上的对应。然而，笔者认为这种对比过于刻意，缺乏诗意和情感的流露，因此称之为"滑稽"的例子。这种评价反映了不同人对诗歌艺术的审美差异，以及对传统诗歌形式的批判态度。

贵族，在1739年主持过袁枚参加的会试。如前所述，考生通过考试后，考官和考生之间就会产生一种紧密的联系，考生被考官视作他们的学术子嗣；但是，将两者联结在一起的还有一种更私人的关系（袁枚在给留保的传记中写道）。在考试中，考生的名字上贴有纸条，因此主考官并不知道通过考试的考生姓名，当他们揭下这些纸条时，被认可的就不再只是答卷，而是考生本人。留保的祖父阿什坦①是清初著名的汉满翻译家，他将许多儒家经典翻译成了满文。1721年，留保几经周折参加会试。当时担任副考官的李绂（1675—1750），采用了据说是唐朝的一种考试方法，考生的名声比成绩更为重要。放榜后，落榜考生（包括留保在内）在街上拦住了李绂的马车，并用瓦片和石头堵住了他家的大门，不让他进家门。因为对此事处理不当，李绂被康熙贬官。后来康熙指派雍亲王②带领大臣复核落榜考生的试卷原卷，雍亲王非常满意留保的答卷，留保遂被指为进士。1742年，留保在吏部任职时，乾隆让他举荐适合晋升的官员。他提议推荐袁枚，但袁枚希望能待在父母身边，因此选择在江南的一个小地方任职。袁枚在北京遇到的另一位老朋友是史贻直，他对袁枚视如己出，十年前他曾试图教会袁枚满语，却以失败告终。1763年，史贻直去世，袁枚为之撰写的碑文中写道：当我们再次见面时，这位老者（史贻直当年正值古稀）对我说："闻汝宰江宁有善

---

① 阿什坦：清初经学家，满族，字金龙，完颜氏，满洲正白旗人。初翻译《大学》《中庸》等书。
② 雍正皇帝。

政,诚不负所言。惜杜牧之未免风流耳,远到者宜戒也。"杜牧是晚唐时期的著名诗人,好女色,妾室歌女众多。①

袁枚在北京只待了三个星期左右。他说:"不到长安非完人。"在西行途中,袁枚经过历史同样悠久的洛阳。古时中国诗人不仅不会回避那些陈旧的题材,反而特别偏爱它们。任何自认合格的诗人,在经过那些常被诗人们歌颂的名胜时,都会忍不住一试身手。千百年来,数以百计的诗人在经过邙山②时写下沉思的诗篇。但是,袁枚觉得:

> 山冢郁嵯峨,轻车山下过。
> 有诗吟不得,此处古人多。③

在这首诗中,袁枚巧妙地表达了邙山这一题材过于老套。不过,这并不意味着他不喜欢这类题材。他对古代名人的坟墓尤其感兴趣,其中有一些坟墓时代非常久远。比如,巨人盘古,手持锤凿,用一万八千年的时间创造了宇宙;还有被誉为中国古代五大医学家之首的扁鹊。关于扁鹊的坟墓有一则传说,据说虽然很多人去过那里后,病就奇迹般地好了,但善妒之人都会被扁鹊的魂魄刺死,因为扁鹊就是死于同行

---

① 关于杜牧的私生活,尤其是他的妻妾情况,史料记载较为有限,因此存在不同的说法和传说。有资料显示杜牧纳妾,但需要注意的是,这些信息源于后人的记载和传说,因此对于此事需要更为谨慎。

② 邙山是历代帝王贵胄、显赫人物都趋之若鹜的葬地,汇集古代墓葬数十万座,素有"生居苏杭,死葬北邙"之说。

③ 出自袁枚《北邙山》。

的嫉妒心。毫无疑问，袁枚还写了不止一首关于马嵬驿的诗——唐明皇被迫勒死杨贵妃的地方。

在西安（古称"长安"，曾是唐朝的首都），袁枚举目无亲，但有一个大靠山。说来也奇怪，这个靠山就是黄廷桂，上文提到他曾给黄廷桂写过一封很长的劝谏信。1751年底，黄廷桂从南方调任过来，出任陕甘总督。在1752年的诗作中，尤其是从《送黄宫保巡边》一诗中可以看出，袁枚追随黄廷桂，并赞扬其官绩。因为这首诗在结尾处写道："燕然有人在，濡笔待明公。"① 这很可能是因为袁枚的万言信给黄廷桂留下了深刻的印象，因此黄廷桂特地为袁枚在陕西谋得一个职位。黄廷桂可能认为，一个既了解民情，又对自己性格了如指掌的人，会是一个得力干将。袁枚似乎确实陪同黄廷桂到了十分遥远的边疆一带，因为他写了一首关于灵武②的诗，这是756年唐明皇李隆基退位后，他的儿子李享登基的地方。如果袁枚没有亲自陪同黄廷桂到过边疆，他不太可能写出这样的诗。他还写过一首《边歌》。③ 此外，他还写了一首边塞诗，不过很多诗人也因袭写过这种边塞诗，尽管他们可能从未涉足边疆。袁枚还特别提到长安的酷热令人难以忍受：

---

① 出自袁枚《送黄宫保巡边·其四》。
② 灵武位于今天的宁夏回族自治区境内，当时是唐朝的边疆重镇，也是朔方军的大本营。
③ 《边歌》：边歌唱罢白云哀，人出阳关眼莫开。岁久髑髅吹作雪，随风还上望乡台。

南方苦热宵犹眠，西方苦热彻夜煎。
地高星密太阳近，况复赤帝行青天。
我来更僦小屋居，如坐甑底围红炉。
手摇大扇两腕脱，黄沙飞与炎风俱。
欲走郊原散暑气，曲江久绝昆明废。
关内真成火德王，渭河也作汤泉沸。
南山僵立天乾封，大官祈祷双烛红。
车前马前僧道从，蜺旌火伞声隆隆。
相看挥汗变成雨，何处驱云唤起龙。
我无民社例须到，四鼓辕门五鼓庙。
干卿甚事作奔忙，旱魃揶揄土龙笑。
忆种江南十亩桑，北窗高枕清风凉。
底事热中心未了，自寻焦土吊阿房。①

诗中提到的"蜺旌和火伞"是两种烟花，而"土龙"则用于祈雨仪式。

1752年秋，袁枚上任（官职未知）仅三天后，就得知了父亲离世的消息，他的父亲在六月冒着酷暑从杭州前往江宁，于七月初在江宁去世。在职的官员通常都需要辞官服丧。得知这一消息后，袁枚匆忙赶回江宁，于初冬抵达。

---

① 出自袁枚《长安苦热》。

第五章
袁枚随笔与奇闻异事

我们可以从袁枚给友人庄有恭的回信中了解到他返回江宁之后的生活,庄有恭曾与袁枚一起参加会试,并且高中状元。1753年,庄有恭因一次意外而陷入困境,而这一困境也是袁枚容易遇到的。这也反映了在乾隆的统治下,官员们生活在压迫和审查之中,因此这件事值得一说。1749年,庄有恭在江苏省松江府担任主考官,有人把几本书塞到他手里,他飞快地翻了几页,多次看到"丁子①曰……"的字样。对此他并未深究,而是把这些书收下了,回家之后询问了这位"丁子"为何人,得知此人精神不正常后,庄有恭把书丢掉,

---

① 丁文彬,浙江上虞人。因一直相依为命的母亲去世,受到极大的创伤。到了中年,精神问题越来越严重,他开始听到无人处的声音,并逐渐相信这些声音是上天的指示。在这种幻觉的驱使下,他投身于写作,创作了一系列书籍,包括《文武记》和《太公望传》。乾隆十三年,丁文彬完成了他的作品,并于次年尝试将其呈献给当时在松江主持考试的江苏学政庄有恭。丁文彬认为只有他能够理解和赏识自己的学问。然而,他的献书行为并未得到预期的回应。

没有进一步查阅。四年后，山东巡抚向朝廷报告称，一个来自松江，名叫丁文彬的人向他递交了一些书，这些书经过查阅发现充斥着反满清的内容。巡抚请求迅速处理此事，但因为丁文彬的身心状况不佳，拘禁在监狱之中活不久。得知此事后，乾隆的回应是，庄有恭没有查阅这些书，是为失职；而巡抚担忧反满清的丁某，也是错误之举。因此，处罚江苏学政庄有恭的部分俸禄，处以丁某则死刑。正如笔者所说的那样，袁枚很可能也会遇到类似的麻烦。一个疯子递给他一本书，袁枚可能会礼貌地接受这本书，然后将其扔掉，不与理会。

  乾隆统治时期的各种"猎巫"行动中，显然文字狱对袁枚带来的威胁最大。尽管他不可能被指控参加"铁尺会"①（Iron-footrule Club）之类的秘密反抗组织，这些组织时常被发现打击和取缔，但他仍然面临着风险，例如，他为朋友的著作撰写序言，而后发现著作中的内容被指对满清不敬；或者在他整理的诗集中收录了某位诗人的作品，但这位诗人在未被袁枚知晓的作品中，歌颂了民族主义或提及了某位明朝的反清皇子。事实上，受此危害的不仅仅是汉族人，袁枚的满族友人也深受其害。同年（1753），皇帝下旨，命令必须上交所有满文译本的娱乐文学作品，甚至那些为了方便不识汉字

---

  ① 乾隆年间（1735—1736），福建邵武县取缔了关圣会、铁尺会，漳浦县取缔了子龙会、小刀会、北帝会、天地会等。这些会党中的铁尺会，其成员所执器械为铁尺，因此得名。此外，乾隆十三年（1748），福建宁化县出现了"十三太保铁尺会"，其所执器械即为铁尺。这些会党的活动往往与反抗清朝统治有关，因此经常成为清政府打击的对象。

的满族人阅读而将汉文标注成满文的版本也在此列。其中特别提到的一本书是《水浒传》，西方读者通过美国作家赛珍珠（Pearl Buck）的译本《四海之内皆兄弟》（*All Men Are Brothers*）而熟知该书。《水浒传》是一个罗宾汉式的故事，这本书遭禁可能是因为它宣扬了这样一种观点：受压迫的人应当奋起反抗，将命运掌握在自己手中。自然，来自欧洲的书籍也引起了朝廷的怀疑。同年六月，湖北总督表示，他手中有几本外文著作，其中包括一本医学书。但因为他和其他官员都不懂外文，于是他提议把这些书送到北京，由钦天监的天主教传教士进行翻译。乾隆回应说，如果这些书含有逆反的内容，那些传教士肯定不会冒险揭露事实，以免连累他们的同僚。在北京，除了这些传教士也没有其他人懂外文，最好当场处理此案。但乾隆认为，传教士一般都是守法之人，认为他们不会卷入任何煽动性的逆反运动中。如前文所述，尽管袁枚认识一位信奉基督教的满族亲王，但他似乎没有接触过北京以及其他省份的传教士。理论上来说，直到1774年，南京还存有一个主教区，但主教们只能偶尔到城市私访，大部分时间都在走村串户，向一小群皈依者秘密传教。

不要以为袁枚脱离了宦海沉浮，就能在随园安逸自得。

与中国历史上任何时期相比，乾隆时期书籍作者面临的怀疑更多。除了正统的政治观点问题，还有哲学正统的问题。那时候整个教育和考试制度都是基于程朱理学对经典的诠释，任何对这种诠释的批评都可能成为被弹劾的理由。例如，1729年，顺承郡王锡保以谢济世注释《大学》，毁谤程朱，具疏参奏。雍正帝认为谢济世注释《大学》其意不在毁谤程朱,而是用《大学》内"见贤而不能举"等两节,借以抒发其怨望诽谤之私,故诏令诸臣议其罪。诸臣议奏谢济世应处死刑,雍正帝特免其死罪,令当苦差。① 然而,不可避免的是,到了18世纪后半叶,清政府更加专注于镇压、焚毁反满的文学著作,对非正统学说则相对宽容,学者都开始抛弃正统的经典解释,正统解释仅作为一种大众教育的工具继续存在。到了19世纪初,伟大的藏书家纪昀②(1724—1805)在指责理学家只关注天、自然、心灵等抽象概念而忽视实际问题时,仍然采取了谨慎的态度。为了避免直接冒犯当时的权威和正统观念,他选择了一种间接和象征性的表达方式——借由亡魂之口进行批判。但笔者怀疑他只是在模仿前一代的非正统学者,跟他们一样采用谨慎但荒谬的方式。

袁枚顺势而为,晚年公开批评程朱理学的一些观点和学说;但笔者认为,没有证据表明他曾因此而惹上麻烦。

袁枚似乎并没有严格遵行居丧的制度。1753年初,袁枚举行了一次酒会,他的好友书法家陶镛③在屏风上题写了《随

---

① 谢济世妄注《大学》案,摘自《中华法案大辞典》。

② 纪昀,字晓岚、春帆,号石云,清代学者、文学家、官员。所著《阅微草堂笔记》是一部志怪小说集。该书取材广博,举凡京师风尚、风土人情、官场变幻、世态炎凉、边地民俗、医学占卜、逸闻趣谈、家庭逸事、鬼狐精怪,几乎无所不包,其中既有作者亲身经历过的,也有道听途说的,叙述尚质黜华,又天趣盎然,与《聊斋志异》并行海内。

③ 陶镛(1895—1985),名善镛,字咏韶,号镛,又号宏斋,别署冷月、五柳后人,江苏苏州人,家学渊源,祖父陶芑孙,叔祖陶诒孙均为吴中名画家,少从罗树敏习画,中西皆工,后与颜文梁切磋画艺。

园记》。《随园记》作于1749年春，记录了袁枚购置随园的事宜。陶镛在书写时与婢女阿招四目相对，对其一见倾心，却因过于害羞没有吐露心意，大家只是通过陶镛对阿招的过度尊重和在书法展现出的前所未有的热情和活力察觉出他的情感。此情此景恰好被吕文光（前文第三章曾提到他为学生替考）看在眼里，在他的撮合下，大年初七，在一片喜庆的气氛中，陶镛正式纳阿招为妾。

几周后，袁枚将妻子王氏最小的妹妹许配给了吕文光，并作了一首新婚诗《吕炳星进士合卺歌》。在诗中，袁枚告诫吕文光："栽桃种李今朝毕，管到东风结子时。"在这时，笔者还提到了袁枚的哥哥袁鉴，他比袁枚最喜欢的弟弟袁树年长几岁，当时在江宁附近的一个地区担任知县。袁枚给弟弟袁树写道："家弟保侯明府畜兰，鹿跳出籍，败其叶随尽。明府怒，囚之狱。子才子驰檄救之，且乞之。檄成，无任使者。杭州何西舫孝廉适至，喜捧檄凿行。日昳，四弓丁昇槛车至，奔触奋迅，不可逼视。已而入高山，腾深林，蹶蹶呦呦，首舞至地。若曰减死窜，窜且入山，如太白流夜郎，子瞻放儋耳也，得其所哉。为诗尘明府，为得鹿者谢，兼为鹿谢。"①

同期，袁枚作诗一首，名为《倪素峰归棹图》，这首诗是关于一幅名为《归棹图》的画作，由他的朋友倪素峰为他绘制：

---

① 出自袁枚《谢鹿诗》。

我思作一舟，其速如飞鸦。
不载人离别，只载人归家。
烟篷竹橹作未就，年年远客愁风沙。
先生持笔向我笑，丹青纸上声呕哑。
夜来有梦昼有画，我今归矣遑知他。①

袁枚写诗有两种截然不同的风格。一种是他写给亲友的，诗风亲切、幽默，另一种是写给重要知交，尤其是高级军事将领的，诗歌正式、庄重。在第二种诗中，特别引人注目的是写给吴士胜将军的诗。1753年，袁枚在南京花街柳巷的一家小酒馆里遇到了吴士胜将军。对此他写道："将军吴士胜从威信公征金川，三战皆捷，金川夺气。将军请往降之，袒而骑，酋长横刀来迎。将军径入虏帐，笑曰：'暮矣。'索枕卧，鼻齁齁甚酣。且召诸酋，责以大义，譬晓之。诸酋龥嗫不得语，乃椎牛行炙，蛮舞杂进，定约正月六日诣大军降。凯旋，天子召见，劳以酒，擢官总兵。癸酉二月挂冠，奉八十七岁老母归西川。余相见于秦淮酒楼上，听述前事，喜而赠诗。"②

袁枚是一个性情平和、热爱和平的南方人，所以对豪迈的军旅故事怀有敬畏之心。他对乾隆远征准噶尔部的壮举感到骄傲，记述了几位将军的丰功伟绩，并且正如前面所述，他还写诗献给几位重要的军事将领。中国的三大宗教或多或少都鼓励人们爱好和平。有些佛教徒是完全的和平主义者，

---

① 出自袁枚《倪素峰归棹图》。
② 出自袁枚《赠吴将军·其一》。

比如玄奘（又称三藏法师）于公元 746 年拒绝了唐太宗的请求，不愿一同远征高丽。①道教徒则基于《道德经》中的一段著名论述，认为只有在万不得已的情况下才能诉诸战争。儒家认为，只有那些旨在惩治恶行的战争才是合理的，但天下所有不承认皇帝地位的人都被称为恶人，因此儒家的这些理念也是形同虚设。据笔者所知，乾隆对准噶尔部的远征并没有遭到朝中大臣反对。而且，这些战争主要由满族军队参与，对汉人来说，除了朝廷征收的税额增加了，并无其他直接影响。

1753 年秋，袁枚写下了第二篇关于随园的文章。1752 年底，袁枚从西安回来后，发现随园破败不堪，庭院年久失修。朋友跟他说："以子之费，易子之居，胡华屋之不获，而俯顺荒余何耶？"袁枚答曰："夫物虽佳，不手致者不爱也。子不见高阳池馆、兰亭、梓泽乎？苍然古迹，凭吊生悲，觉与吾之精神不相属者，何也？其中无我故也。公卿富豪，未始不召梓人营池囿，程巧致功，千力万气，落成，主人张目受贺而已，问某树某名而不知也，何也？今园之功虽未成，园之费虽不资，然或缺而待周，或损而待修，固未尝有迫以期之者也；孰若余昔年之腰笏磬折，里魁喧呶乎？伐恶草，剪虬枝，惟吾所为，未尝有制而掣肘者也；孰若余昔时之仰息崇辕，请命大胥者乎？余今年裁三十七，入山志定，作之居之，或未可量也。"

---

① 此处根据原著内容翻译，可能与史实不符，特此说明。

七月十一日,袁枚的木匠武龙台去世,随园的修葺也因此停滞。对于武龙台,袁枚写道:"梓人武龙台,长瘦多力,随园亭榭,率成其手。癸酉七月十一日病卒,素无家也,收者寂然。余为棺殓瘗①园之西偏,为诗告之。"诗曰:

生理各有报,谁谓事偶然。
汝为余作室,余为汝作棺。
瘗汝于园侧,始觉于我安。
本汝所营造,使汝仍往还。
清风飘汝魄,野麦供汝餐。
胜汝有孙子,远送郊外寒。
永永作神卫,阴风勿愁叹。②

在这一时期,也有关于侏儒赵元文的记载:

镇江之短人曰赵元文,年二十八,长二尺许。侈面博唇,首如覆斧,行则左右摇,立久臀压其两膝,两手胶而拳。③ 扬州郑守备贻其母千钱,短人归焉。郑人郑守复得女子一,短如之,将以偶焉。短人辞说:"不可。短人,天之僇④民也。有母在不能养,而又养一短女子,非

---

① 瘗:读作 yì,掩埋、埋葬。
② 出自袁枚《瘗梓人诗》。
③ 胶而拳:罗圈屈曲。拳,通"踡"。
④ 僇:通"戮",受刑戮。

所愿也。"固与之,将遁矣。乃听焉。

余过扬州,短人出拜,问安必朝夕至。载以如白下①,自将军、方伯、太守以下,问其短,咸具赍来迎短人。短人摩地鞠跽②,昂首酬对,卑疵趋,转圜③如意。皆大喜,赠其重积。及归,褒④衣大冠,篚为止重。

袁子曰:"礼之不可已也如是夫!短人如礼,人爱其短。然则人之病,何病其有所短耶?"⑤

袁枚在写《短人传》时,用了特别的写作方法。在写作前,袁枚查阅了《史记》,里面包含了关于宫廷弄臣(大多为侏儒)的记载。为了能够在文章中体现和突出"侏儒"这一主题在语言和风格上的特点,他借用了《史记》中的一些词汇;然而,在查阅资料的过程中,他无意中发现《史记》中其他章节(与侏儒无关)中的两个词组,并将其巧妙地融入了自己的文章中。

和欧洲历史一样,在中国历史中,侏儒长期以来在贵族和大户人家中扮演着弄臣和小丑的角色,被当作供人消遣的玩物。然而,一个只有两尺高的侏儒(这里提到的"尺"与"英尺"相差不大)是非常罕见的。笔者认为,正是赵元文极为罕见的矮小身材(再加上他良好的举止)使得他如此引人

---

① 白下:旧时南京的别称。
② 跽:读作 jì,长跪,双膝着地,上身挺直。
③ 圜:读作 huán,通"圆"。
④ 褒:衣襟宽大。
⑤ 出自《短人传》。

注目并取得了成功。

1754年，袁枚在扬州一个寺庙的墙上发现了一首诗，对其赞不绝口。这首诗的署名为"苕生"，显然这是一个文人常用的雅号，并非其真名。袁枚迫切希望联系到这个人，但由于不知道其真实的姓名，他无法找到这位诗人。于是，他将这首诗抄录下来，走上街头四处询问"苕生"是谁。"遍访无知者。熊涤斋前辈为言，苕生姓蒋，名士铨，江西才子也。因得芳讯，寄余词曲尤多。今年入翰林，作诗寄之。"①

蒋士铨（1725—1785）是清朝最著名的戏曲家之一，同时也是一位相当有成就的诗人。与袁枚、赵翼合称"江右三大家"，两人还合作编纂了一部诗集。在1754年之前，他已经创作了六部戏曲，这可能影响他考试复习。袁枚在得知蒋士铨在北京的住址后，便给他写信，得知这位年轻人居然了解并欣赏自己的诗作后，袁枚很是高兴。随后，两人开始了长达好几年的书信往来，袁枚甚至不知道蒋士铨的相貌。直到1764年，他们才见了面，但在此之前，蒋士铨已经给袁枚寄去了许多剧本。蒋士铨的戏曲中，现存且为人熟知的只有9部。② 据说其中还有一两部是原稿，极其罕见，珍贵异常。他笔耕不辍，仅在1751年，也就是在他26岁时，就创作了四部戏曲。他仅在三天内就完成了长达三十八集的《冬青树》，同年还创作了另外两部戏曲，每一集的时长虽不及西方戏剧

---

① 出自袁枚《寄蒋苕生太史》。
② 《空谷香》《香祖楼》《冬青树》《临川梦》《一片石》《桂林霜》《第二碑》《雪中人》和《四弦秋》。

中的一"幕",但比每一场景的平均时长要长。他最著名的戏剧可能是 1772 年创作的《四弦秋》,第四出《送客》至今仍在上演。《四弦秋》据白居易的《琵琶行》一诗而作。蒋士铨在自序中提到,清乾隆三十七年(1772)秋,与友人宴会,谈及白居易《琵琶行》诗与顾大典《青衫记》传奇,认为顾作有污蔑白居易"狎妓"之嫌,斥其"命意敷词,庸劣可鄙",乃照《琵琶行》本意,重新构思,五日而成。《四弦秋》一共有四出戏,每一出戏的名字都在《琵琶行》中有所体现。在这部戏中,蒋士铨对细节的处理非常严谨和详尽。比如,在戏曲开头,琵琶女的丈夫(一位茶商)和他的合伙人分别列出了他们从十几个地方购买的各类茶叶及其确切数量。对于笔者而言则更喜欢早期戏曲家的创作方式,他们通过融入流行的传说和神话来丰富主题,使得戏曲更加亲民(前文蒋士铨的自序中提到《四弦秋》的创作背景,他当时与好友讨论前人对《琵琶行》的改编,有趣的是,跟他讨论的人中有一个是袁枚的哥哥袁鉴)。蒋士铨的大部分戏曲更像是对历史的戏剧化叙述而非纯粹的戏曲,如《临川梦》。《临川梦》共 20 出,讲述了戏曲家汤显祖(1550—1617)的生平。这 9 部戏曲中都带有强烈的超自然色彩,涉及谪仙再世、天启梦兆、道教法术,以及一个梦幻与现实不断交织的精神世界。这些元素不单单是戏剧传统意义上的引子,在 18 世纪的中国,对于几乎每个人而言,这个由佛教、道教信仰和本土民间传说组成的半隐半现的世界以及其间发生的一切,都是和日常生活一样真实的。有些现代中国评论家认为蒋士铨是

"现实主义者",但对于这样的说法,只有这样理解才是正确的:在他的戏剧作品中,他展示了生活的各个方面,包括自然的和超自然的,这些都是他真正相信的存在。

据了解,蒋士铨的一些戏剧是为特定的场合所作,并且会在现场表演。同时,也有一些戏剧可能从未上演过。然而,这些作品因其独特的戏剧形式和引人入胜的故事情节,与小说非常相似,因此受到了读者们的热烈追捧。李调元(1734—1803)在《剧话》中有一段描述,讲述了他大约在1782年经过南昌时,希望与蒋士铨见面。当时蒋士铨在北京,但蒋士铨的儿子给了他几部戏剧让他阅读,包括《冬青树》和《雪中人》。李调元沉浸其中,不知不觉中走过了数百里,在去往广东的路上甚至没有意识到自己已经经过了赣江的十八个险滩。

袁枚对戏曲并不感兴趣。《随园诗话》第十五章中记载,蒋士铨曾强迫袁枚阅读自己的一部剧本,并请求袁枚给予评价。袁枚无奈之下阅读了几个场景,第二天蒋士铨询问是否有令他满意的部分。袁枚回答说,有两行诗句他很喜欢:

任汝聪明极,天心那可猜。[1]

对此,蒋士铨笑道:"你更像一个诗人而不是戏曲家。"蒋士铨接着说,袁枚喜欢的这两行诗实际上出自商盘(1701—1767)的作品。但笔者认为,在说"你更像一个诗人

---

[1] 出自袁枚《京口即事·其二》。

而非戏曲家"的时候，蒋士铨暗示袁枚在引用上述诗句时，将原本的戏剧用语转换成了普通的诗歌语言。引文出自戏曲《空谷香》的第16出。

1754年，尹继善第四次出任两江总督，并兼任江苏巡抚，主要负责河流治理工程。他从淮安派遣了一位信使给袁枚送去一封信，信中表达自己希望他到淮安为官。尹继善还找来了书画篆刻家沈凤（1696—1757，他们共同的好友）一同劝说袁枚到此地为官。笔者不知道尹继善之信的具体内容，但袁枚的回信收录在《小仓山房文集》的第19卷中。在回信中，袁枚写道："然而公之心，枚亦知之。公出入中外垂四十年，小心谨慎，未尝有过，犹抱安不忘危之志，乾乾日昃。师弟契深，吉凶同患。枚倘颠蹶，必先累公。公之戒枚者，又公之所以自为，而非为枚也。"①

值得注意的是，《大清律例》（卷三十三）中有这样一条："凡文武官吏宿娼者杖六十，（挟妓饮酒亦坐此律）媒合人减一等。若官员子孙（应袭荫）宿娼者，罪亦如之。"这里的"娼"是指任何以卖淫为生的女性（无论是否为乐师）。笔者认为，"妓"指的是"乐师"，不同于普通百姓。虽然这条法律通常不被严格执行，但它随时可以用来对付那些生活作风特别放荡的人。上文已经提到袁枚的私生活较为混乱，下文还例证证明这一点。信中"栽跟头"（come a cropper）这一短语，我是按字面翻译的，可能是想表达袁枚的风流事最终可

---

① 出自袁枚《答尹相国书》。

能会让他陷入灾难。可以肯定的是,袁枚晚年不再对歌妓感兴趣。晚年的他写过一封著名的讽刺的信,拒绝了歌妓的邀请。大概是在1790年,袁枚在《随园诗话》中写道:"余中年以后,遇妓席无欢。人疑遁入理学,而不知看花当意之难也。"①

当然,尹继善信中所指,可能是袁枚其他的不当行为。例如,传闻称袁枚迷恋男伶;或者,他可能一直在追求某个名士的妻子或未出阁的女儿;但是,上述传闻并无真凭实据。

三月底,袁枚去了淮安,并不是为了接受尹继善提供的官职,而是表明自己最终决定追求自由身。给尹继善的回信中,他写道:"枚遁迹随园,尘思久断。公手书招之,令沈凡民苦加规戒。类慈母之投杼,误闻蛊语,如良医之下药,未切脉情。恐爱之过深而知之转浅,率尔言志,请学仲由。"②

关于信中提到的曾参母亲和孔嵩,有两则典故。从前,有段时间曾参住在费地。费地有一个和曾参同名同姓的人杀了人。有人跑来告诉曾参的母亲说:"曾参杀人!"曾参的母亲说:"吾子不杀人!"她仍然镇定自若地织布。过了一会儿,又有一个人跑来说:"曾参杀人!"曾参的母亲还是一如既往地织布,并没有任何反应。又过了一会儿,又有一个人跑来说:"曾参杀人!"曾参的母亲惊恐万分,相信了他们说的话,认为自己的儿子真的杀人了,连忙扔掉手中的梭子,翻墙逃跑了。东汉名士孔嵩,因家境贫穷、双亲年迈,改名换姓受雇作新野县阿里的街卒。当时友人范式担任荆州刺史,行部

---

① 出自袁枚《随园诗话补遗·卷五》。
② 出自袁枚《到清江再呈四首》。

到了新野县,正巧县里选孔嵩当导引骑兵迎接范式。范式认出孔嵩,就叫他名字,把臂问道:"子非孔仲山邪?"两人叹息,共语平生,范式为孔嵩的现状感到惋惜。孔嵩则说:"候嬴长守于贱业,晨门肆志于抱关。子欲居九夷,不患其陋。贫者士之宜,岂为鄙哉!"范式命令新野县替换孔嵩,孔嵩则认为之前的任期未结,不肯离去。①

从曾母投杼的典故和尹继善的信中可以清楚地看出,尹继善所听到的"谣言"不仅是说袁枚将返回官场继续为官,还有对他某种不当行为的谴责。正如之后的两件事,他也遇到了相同的麻烦;事实上,1772年,袁枚差点被驱逐出江宁。② 这些谣言是什么,以及三件事是否有联系,我们不得而知。唯一能证明的只有诗人赵翼(1727—1814)所写的一首诗。对袁枚风流无忌的个人生活,作为他的朋友,赵翼曾半开玩笑但又用词严厉地批评袁枚:

> 结交要路公卿,虎将亦称诗伯。
> 引诱良家子女,娥眉都拜门生。
> 凡在罗陈,皆无虚假。
> 虽曰风流班首,实为名教罪人。③

---

① 上文原文是"孔嵩(K'ung Sung)",但在袁枚的《到清江再呈四首》中是"仲由"。下文原文的典故也是孔嵩,特此说明。

② 当时盛传刘墉担任江宁府知府时,认为袁枚败坏风俗,一度搜集证据,要将他法办,甚至斩首,但当时翰林学士朱竹均出来讲情,刘墉才没有下手。一说刘墉并非要将袁枚杀死,只是要驱逐他,但是袁枚之恩师尹继善劝阻刘墉,刘墉才停止。但后来袁枚澄清,刘墉并未与他结怨,此事子虚乌有。

③ 此处译者并未查到明确出处。

受害者要求立即处罚这名罪人，按照他犯下的罪行，应当罚他来世为蜂为蝶，作为对他今生轻浮行为的惩罚；或者如果从轻处置的话，"让他重返旧巢，继续像以前一样过着粗犷的生活，追逐山上的猿猴"。这份陈述显然是向上天祈求。虽然它既虚幻又幽默，但我认为合理地解释了那些内敛之人对袁枚的不愤之情。袁枚晚年丑闻缠身的主要原因可能是他开办的"蛾眉"学院。那时许多人不赞成女性接受教育，而其他人认为，如果女性想学习诗歌，应该是在自己家里，而不是在一个"风流才子"的家中。

确实，袁枚在中国历史上以广交朋友而著称，但一个手握如此辛辣笔锋的人也不可避免会有敌人。此外，从他讲述的许多故事中可以看出，他的脾气非常急躁。因此，外人对他的攻击可能出于私人的恩怨和敌意，而非单纯认为他道德败坏。

1754年是不幸的一年。这一年袁枚失去了亲友，并且再次患上了疟疾，这次病情极为严重，从八月一直持续到了年底。在新年前夕，当"发萧萧，春寂寂，明年只有一灯隔"时，他却"病馀身坏似秋蕉"，而"壁罅风来如刺客"，他坐在那里听着"邻家爆竹声纷纷"，只能"磨墨一螺笔一枝"，写下他三十九岁这一年的最后一首诗。①

1755年，袁枚收到了老友程廷祚②的信，他们曾在1736

---

① 这首诗是袁枚的《八月十九日病至除夕犹未理发不饮酒不茹荤雪窗独坐》。

② 程廷祚：清朝诗人，初名默，字启生，号绵庄，又号清溪居士，上元（今江苏南京）人。乾隆元年，举博学鸿词。

年一起参加北京的博学鸿词科考,以其闲静修洁,故号"程娘子"。① 在信中,程廷祚敦促袁枚阅读《楞严经》(Surangama Sutra),这是一部在中国享有盛誉的佛教经典,其历史可追溯到千年之前。笔者首先会解释这本书的主要内容,然后简要介绍程廷祚(1691—1767)以及袁枚对佛教的态度。

据传,《楞严经》是古印度经典,由梵文翻译而来。但如今所有佛教学者都认为,它是公元八世纪初某位中国僧人用中文撰写的论著。《楞严经》以一个故事开头,讲述了对佛陀忠诚但不羁的弟子阿难的故事。一天,阿难单独到舍卫城街上乞食,遇见摩登伽女。摩登伽女对他一见钟情。她对阿难施加了祖传咒术,让他爱上自己。但阿难承事佛陀,守出家人的戒律,不能结婚。当他正准备屈服时,他祈祷佛陀,让佛陀拯救自己。佛陀知晓阿难的遭遇后,及时使用了更强大的咒术,将他从摩登伽女的怀中解救出来。佛陀随后向阿难解释,世间所有人都是由自己的感官(六根)② 感知这个世界,若想要对抗感官带来的痛苦和迷惑,首先就要知道痛苦的根源何在。就比如一个国家受到盗贼的侵扰,国王命令士兵去剿灭盗贼,但如果士兵们不知道盗贼藏身何处,又怎么能有效地执行任务呢?然后他们讨论了很长时间,证明眼不视色,耳不听声,鼻不嗅香,舌不尝味,身不知寒璁,意不存妄想。感官认知的来源既不存在于被观察的物体之中,也

---

① 出自袁枚《随园诗话·卷五》。
② 六根:又作六情。指六种感觉器官,或认识能力。眼、耳、鼻、舌、身、意。眼是视根,耳是听根,鼻是嗅根,舌是味根,身是触根,意是念虑之根。

不存于眼睛与物体之间。二人讨论的结果是（由于过于冗长和复杂，这里不予详述），所有感官都是对一种未分化、未限定、超越状态的事实的误解。如果阿难能够学会深入这种绝对的真实，他将不再受其"六根"的困扰。因此，《楞严经》的目的不仅仅是通过探索一个难题来满足读者对哲学的好奇心。正如国王派遣士兵不只是为了找出盗贼的身份和位置，而是为了将他们制服。因此，我们可以将这本书称为一篇关于"应用认识论"的论文，正如我们谈论"应用人类学"那样，人类学家研究原始人是为了更好地统治他们。

程廷祚，早年拒绝接受宋代理学家们半佛教式的形而上学，坚信经典仅讨论具体的凡尘烟火。然而，随着年龄的增长，出于谨慎（因为反对程朱理学仍然会受到外界抨击），又或者是因为对当时批评宋代哲学家们的暴力行为感到厌恶，除了跟亲密好友交谈，他不再公开批评程朱理学。还有一个更为奇特的原因，可能是他在为自己去世后没有儿子延续家族血脉而深感忧虑。他的老师，儒学家方苞（1668—1749）曾撰写过一篇文章，并引用了不甚可信的统计数据，声称攻击理学的人大都会断了香火。或许正是出于能够延续香火的期望，他才停止了对理学的公然攻击。

1754年，程廷祚身患重疾，几近丧命。或许就是在这次生病期间，他开始阅读《楞严经》。无论如何，正是1755年，他向袁枚推荐了这本书（毫无疑问，这书值得一看）。袁枚回应说，该作品是六朝时期（公元三至六世纪）的伪作，并且"广义而言"，其中的内容都可以在程朱理学的论述中能找到

(十一至十三世纪)。《楞严经》确实是伪作,但他将时间提前了几个世纪。而他认为其中的内容与宋代理学家们的对话无异的说法,显然是无稽之谈。事实上,大概是1779年,从他给好友项墉写的信中可以得知,他几乎没怎么阅读此书,只是匆匆地翻阅了一下。他写道:

> 当时我39岁,我的老朋友程廷祚突然让我读《楞严经》。他说:"以为仆性聪明,一读必相水乳。"我听了他的建议,但可惜的是,览卷未终,欠伸思卧,既觉其庸,又觉其乱。我想大概是前世的自己没有积累功德吧。① 当然,"因果"这个词本身就来源于佛教。但是,只要放眼世界,就绝对会相信"因果轮回"的存在,我认为这种轮回转世的理论填补了我们本土圣人教诲中的一个空白。所以你看,我是很开明的。我愿意接受世界各地的真理,不受儒家或佛教徒的束缚。

应该注意到,《楞严经》有十卷,所以袁枚并没有读得很深入。他提到的"证据"可能是指,在整个中国(当然也包括印度),总有声称记得自己前世经历细节的人出现。他反对佛教,主要是因为佛教认为各种感官或肉体上的满足是不道德的。当然,这与袁枚的观点不符,袁枚认为,人应该无忧

---

① 袁枚在这里用一种幽默自嘲的方式表达了自己对于宗教或精神层面的事物缺乏共鸣,暗示自己可能在前世并没有从事或积累这类精神层面的善因,因此在今生对于这类事物感到陌生或无兴趣。

无虑地享受大自然给予我们的一切美好事物。但袁枚对佛教知之甚少。实际上，正如他信中所说的那样，他发现自己的时间根本不够用，不能读完所有他想读的历史和经典著作，以求全面了解。又怎么可能有时间和精力研究这本经书呢？

袁枚有几个好友是佛教信徒，其中有一位叫彭绍升①（1740—1796），将大部分时间都奉献给了佛教，撰写文本以宣扬佛教教义。关于彭绍升，袁枚写道："彭尺木进士，为大司马芝亭先生之子。生长华腴，而湛深禅理；中年即茹素，与夫人别屋而居。每朔望，即相勖②曰：'大家努力修行。'彼此一见而已。后闭关西湖，恰不废吟咏。"③

毋庸置疑的是，彭绍升试图让袁枚皈依佛教。他写道："生死去来，不可置之度外。"袁枚回答说："尤谬……然而知生之所由来，能不生乎？知死之所由去，能不死乎？……然而不知生之所由来，便不生乎？不知死之所由去，便速死乎？"④彭绍升回应说："前所进'生死之说'非谓生前死后云尔也，乃谓现前一念生死之心耳。生死者，一念之积也。一念者，生死之本也。何者是现前一念生死心？即今之徽色逐声，种种夺别，乍起乍灭者是也。"袁枚回答说："前书言一身之生死，覆书变而为一念之生死……⑤所云'生死者，一念

---

① 彭绍升：字允初，号尺木，江苏长洲（今苏州）人。家世清华，祖定求、父启丰俱为状元。中国清代诗人、学者。
② 勖：读作 xù，勉励。
③ 出自袁枚《随园诗话·卷十四》。
④ 出自袁枚《答彭尺木进士书》。
⑤ 出自袁枚《再答彭尺木进士书》。

之积也'，今之徼声逐色者是也。必穷极之至于无思无为，而圣人之下学上达，即在于是。是尤惑之大者，不可不辨。"袁枚继续说："汝欲吾生时若死，其理安在？"

在第一封信中，袁枚一度放弃争辩，断言道："而无如二千年来，凡所谓佛者，率皆支离诞幻，如捕风然，视之而不见，听之而不闻，祷之而不应。如来、释迦与夏畦之庸鬼，同一虚无，有异端之虚名，无异端之实效，以故智者不为也。"难怪彭绍升在他的自传中悲伤地写道："我很快就意识到，他是无法在短时间内受到启蒙的。"

印度教中存在四重生活理念：道德和责任（Dharma）、财富和事业（Artha）、感官享乐（Kama）和精神上的解脱（Moksha）。从四重生活理念来看袁枚的生活，很明显，前三重在他的生活中都有体现，特别是第三重（感官享乐）。但是，即使退一万步来说，他也从未实现精神上的解脱。

在过去的几年里，每到秋天，通常是在八月，袁枚就会发烧。他当时生动地描述了一次发烧时的感觉："余热甚剧时，常觉榻上有六七人。余不愿呻吟，彼等强余呻吟；余欲静卧，彼等迫余辗转反侧。体温渐降，幻中之人亦渐稀，及余康复，复唯余一人耳！"[①]

1755年发生了一件事，使得袁枚险些与官员发生冲突。一位叫文的吏部官员爱上了一名唱歌的男孩。但这名男孩犯了罪，遭南京南部的知府软禁在家（严格来说，是软禁在船

[①] 出自袁枚《怀语·卷十七》中的《随园琐记》。

上)。这个知府碰巧是文的兄弟,他非常生气。袁枚和他的朋友们租了一艘船,靠近那个男孩。他们整夜饮酒,其中一个朋友写了一些赞美的诗,离开前悄悄塞进了男孩的袖子里。

1756年初,袁枚大部分时间都四处游历。他先是去了苏州,然后又去了杭州。在那里,一次远足归来,他经过了在葵巷的家,他16岁前一直住在那里。池塘边他曾拿着鱼竿垂钓的地方,还有他童年时期的教室,这些景象如梦似幻。这一年,他的疟疾在九月才发作,比往年稍晚一些,却极为严重。对此,袁枚写道:

> 丙子九月,余患暑疟。早饮吕医药,至日昳,忽呕逆,头眩不止。家慈抱余起坐,觉血气自胸偾起,性命在呼吸间。忽有同征友赵藜村来访。家人以疾辞。曰:"我解医理。"乃延入,诊脉看方,笑曰:"容易。"命速买石膏,加他药投之。余甫饮一勺,如以千钧之石,将肠胃压下,血气全消。未半盂,沉沉睡去,颡上微汗,朦胧中闻家慈啃曰:"岂非仙丹乎?"睡须臾醒,君犹在坐,问:"思西瓜否?"曰:"想甚。"即命买瓜,曰:"凭君尽量,我去矣。"食片许,如醍醐灌顶,头目为轻。晚便食粥。次日来,曰:"君所患者,阳明经疟也。吕医误为太阳经,以升麻、羌活二味升提之,将君妄血逆流而上,惟白虎汤可治。然亦危矣!"未几,君归。余送行诗云:"活我自知缘有旧,离君转恐病难消。"先生亦见

赠云："同试明光人有几？一时公干龚先斑。"①

在这里需要解释的是，"阳明经"是指手阳明大肠经，与大肠相连；"太阳经"是指手太阳小肠经，与小肠相连。

1754年，袁枚的妾室陶姬去世，年仅29岁，曾给袁枚诞下一女。在袁枚的府邸中，有一位名为"凤龄"的少女，她自幼被纳入家门，待时机成熟便会成为妾室。可惜命运弄人，凤龄不幸罹患天花，尽管痊愈，皮肤却留下了疤痕。袁枚曾有意将她许配给自己的弟弟袁树，而袁树对此似乎也并不抗拒。然而，袁家长姐出面劝阻了他，最终袁枚将凤龄许配给了一位蒙古将领。此后，他又纳了陆姬为妾，但她并非袁枚最后一位妾室。

1755年，袁枚作了一组诗：

> 开卷见古人，开门见今人。
> 古人骨已朽，情性与我亲。
> 今人乃我类，嚼蜡闻语言。
> 宁与木石居，不与俗子俱。
> 欲见何代人，但翻何代书。②

这段话看起来非常学究气，但是，正如这首诗歌的标题所示，袁枚只是在表达某个特定时刻的情绪。笔者认为，在

---

① 出自袁枚《随园诗话·卷二》。
② 出自袁枚《偶然作·其七》。

中国，没有人比袁枚更关注当代文学，特别是诗歌，也没有人比他更努力去鼓励当代作家。事实上，袁枚对当代诗歌的了解远超过他对唐宋诗人的了解。他后来承认，直到七十岁，他才第一次阅读唐代诗人白居易的诗全集。《偶然作》的下一首是这样的：

> 平生多嗜欲，所憎惟樗蒱。
> 酒味与丝竹，勉强相支吾。
> 其馀玩好类，目击心已慕。
> 忽忽四十年，味尽返吾素。
> 惟兹文字业，兀兀尚朝暮。
> 晨起望书堂，身如渴猊赴。
> 高歌古人作，心觉蛾眉妒。
> 自问子胡然，不能言其故。①

"蛾眉妒"指的很有可能是袁枚的妾陆姬，这里的意思是：袁枚知道陆姬的嫉妒之心，因为她看到他跳起来跑向自己的书，而不是和她一起在床上躺着。接下来的这首诗（尽管有相似之处无疑是偶然的）总是让笔者想起海涅②：

> 忆昔垂髫年，读书葵巷中。

---

① 出自袁枚《偶然作·其八》。
② 海因里希·海涅（Heinrich Heine, 1797—1856），男，德国抒情诗人和散文家，被称为"德国古典文学的最后一位代表"。

先生出见客，弟子偷馀工。
闻客有科名，仰之如华嵩。
家人多窥探，啧啧美其容。
于今二十年，都成可怜虫。
孝廉难糊口，进士愁飘蓬。
酒味减京口，米价增江东。
贵爵而尚齿，吾将笑周公。①

  同年，他为沈铨（号南苹）写了一首诗，沈铨是一位有名的清代画家，日本人称其为"金南苹"，深受日本人推崇。这首诗的前序写道："吴兴沈南蘋画名藉甚。雍正间，日本国王持倭牌聘往，居其国三年，授弟子若干。老病辞归，国王况施累万。同舟人受簿录之累，南蘋倾所有以偿。至家，竟不名一文。"②

  笔者不知道是谁邀请沈南苹去往日本。然而，笔者知道他在长崎与日本人相处得并不融洽，感觉他们对他不够重视。有一次在一位高木先生（Mr. Takagi）的家中，他批评了日本大师元信（Motonobu）和森信（Morinobu）的作品；除此之外，他与日本人交往甚少。据笔者所知，他在日本的唯一直系学生是久米雄日，也是一位翻译。尽管如此，他的画作风靡日本，对后来的"中国风绘画"产生了相当大的影响。在沈南苹到日本之前，日本人对于当时中国那种"取材自然"的绘画风格知之甚少，他们对中国画的了解主要是来自早期

---

① 出自袁枚《偶然作·其九》。
② 出自袁枚《赠沈南蘋画师》。

中国绘画大师的作品。沈南苹于1731年底（即西方历法的1732年春）来到日本，并在1733年秋离开。就在他离开前不久，德川吉宗将军（Yoshimune）①（袁枚诗中所称的"国王"）向他订购了一幅画。回到中国后，他将画作送往日本；因此，他不可能长时间"不名一文"。袁枚序言的有趣之处在于，它说明了袁枚对与外国人民及其制度有关的一切都习惯性地含糊其词。虽然蛮族君主确实来到中国朝贡，但从未有日本幕府将军踏足中国，也不可能有这种情况发生。

清代著名画家李方膺（1695—1754），以画梅花著称。他与袁枚是密友，两人常一同出游。晴江讳方膺，字虬仲。父玉鋐，官福建按察使，受知世宗。雍正七年入觐，上悯其老，问："有子偕来否？"对曰："第四子方膺同来。"问："何职？且胜官否？"对曰："生员也。性戆，不宜官。"上笑曰："未有学养子而后嫁者。"即召见，交河东总督田文镜以知县用。②然而，李方膺在任职期间，总是心系百姓，与百姓一同对抗官府的压迫，后来甚至被关进了湖南蓝山县的监狱中。当地百姓对他的境遇深感同情，经常聚集在监狱外墙向他投掷钱财和食物，以至于墙内的排水沟都被填满。作为一位画家，李方膺摒弃了传统的画梅技巧，主张直接从自然中汲取灵感，自由创作。"晴江牧滁州，见醉翁亭古梅，伏地再拜。其风趣

---

① 德川吉宗：(Tokugawa Yoshimune；1684—1751)，江户幕府第八代征夷大将军（1716—1745年在位），"享保改革"的推行者，被誉为江户幕府的"中兴之祖"。

② 出自袁枚《小仓山文集·卷五》。

如此。"①

乾隆十九年（1754），李方膺患病，决定回到老家江苏通州。一两个月后，他的仆人带来了一封信，信中他说："方膺归两日，病笃矣！今将出身本末及事状呈子才阁下。方膺生而无闻，借子之文光于幽宫可乎！九月二日拜白。"未待袁枚读完，李方膺的仆人突然跪下哭着说："此吾主死之前一日，命元扶起，力疾书也。"

1758年夏，袁枚的妾室陆姬为他诞下第一个儿子。不幸的是，这个孩子不久便夭折了。此事之后，还传出一个谣言，称袁枚已经去世。对此，"板桥②大哭，以足踢地。"后来袁枚向其赠诗："闻死误抛干点泪，论才不觉九州宽。"③ 郑板桥是一位极具原创性的画家、诗人和书法家，为人善良仁慈。据说在他晚年，无论走到哪里，他都会随身携带一个袋子，里面装满食物和银子，以便能够随时帮助那些贫困潦倒的朋友。现代著名作家林语堂特别钦佩郑燮，并在他的书中多次提及这位艺术家。

袁枚的女儿阿成（陶姬所生）此时已经十五岁。1759年秋，一位名叫曹来殷的年轻人正式向她提亲。袁枚对这个年轻人的印象颇佳，因为媒人向他引述了曹来殷所作的诗，句中表达了对南京的赞美：

---

① 出自袁枚《随园诗话·卷七》。
② 郑燮，别号"板桥"。
③ 出自袁枚《随园诗话·卷九》。

> 水连铁瓮无边白，山到金陵不断青。

对于这件事，袁枚在《随园诗话》中写道："余极赏之。陈以书寄曹。曹欣然允诺。两家已有成说矣，适苏州故人蒋诵先剺嬲不已，遂定蒋而辞曹。"①

托庸（1700—1773）任江宁方伯，1742—1744 年曾任广东布政使。袁枚听说托庸深谙理学，认为他观点狭隘、为人固执。然而，五六年后，他们相遇，便立刻彼此欣赏起来。

"次日，公过访随园。坐定，忽正色曰：'吾欲借君一贵重之物，未知肯否？'余愕然，问何物。公笑出神中和韵诗，第二句仍是'六年人悔见公迟'七字耳。彼此辴②然。"③ 随后的四五年里，他们成了彼此的密友。即使在托庸离开江宁后，他们也继续互换诗歌，直到 1773 年托庸去世。1797 年，袁枚去世前写道：

> 托公来六年，彼此不往返。
> 一恐方伯尊，一虑处士诞。
> 无端一面交，大恨相知晚。
> 爱我神解超，呼为心中人。
> 我亦爱公雅，如坐风中春。
> 说经必穷源，谈道必彻底。

---

① 出自袁枚《随园诗话·卷十二》。
② 辴：读作 chǎn，笑的样子。
③ 出自袁枚《随园诗话·卷一》。

花开辄相招，月落未许起。

一朝公登朝，天官领群职。

重复寄书来，苦道心相忆。

枚每过瞻园，必拜甘棠枝。

一声园鹤鸣，还疑公在斯。①

大概是在1765年，袁枚撰写了一篇文章，记述了托庸早年为官的经历，全文一共四段。其中一段特别吸引西方读者，因为它从中国的视角出发，讲述了1743年英国海军上将安森②与广东当局之间的事。在本书的结尾部分，可以找到这段记述。

接下来的几年过得很快，袁枚越发喜爱读书。1762年，因拒绝尹继善的邀请，他写了一首诗，诗中他向尹继善解释道："听来官鼓心终怯，换到朝靴足便惊。老眼书衔愁小字，诗人得宠怕虚名。"③ 前文提到"尹文端公好和诗，尤好叠韵"，这年"庚辰十月，为勾当公事，与嘉兴钱香树尚书相遇苏州，和诗至十余次。一时官僚从，为送两家诗，至于马疲人倦。尚书还禾，而尹公又追寄一首，挑之于吴江。尚书覆札云：'岁事匆匆，实不能再和矣！愿公遍告同卜，说香树老

---

① 出自袁枚《后知己诗·其四·吏部尚书托公庸》。
② 乔治·安森，英国近代海军改革者，海军上将。英国皇家海军继弗朗西斯·德雷克后第二个环球航行的舰长。1740年，他率领的"百夫长"号是第一艘越过太平洋到达中国水域的英国船只。
③ 出自袁枚《望山公嫌枚踪迹太疏赋诗言志·其一》。

子,战败于吴江道上。何如?'"① 但是,为了能够让尹继善开心,袁枚还是继续参与到作诗游戏中。1763年春,袁枚作诗:

春宵梦醒月华凉,窗外花开窗内香。
花似有情来作别,半随风去半升堂。②

这是袁枚即兴创作的一首小诗。

1764年秋,他又病倒了,写了一首诗表达自己对妻子王氏的感情:

宛转牛衣卧未成,老来调摄费经营。
千金尽买群花笑,一病才微结发情。
碧树无风银烛稳,秋江有雨竹楼清。
怜卿每问平安信,不等鸡鸣第二声。③

这一时期,袁枚写的都是关于中年的诗。袁枚开始染须,也有人建议他配戴眼镜,为此,袁枚回应道:

眼光原自在,争仗镜为能。
纵使穷千里,终嫌隔一层。

---

① 出自袁枚《随园诗话·卷一》。
② 出自袁枚《春日杂吟·其一》。
③ 出自袁枚《病重赠内》。

有绳先系鼻,无泪已成冰。
徐偃不亡国,瞻焉便可憎。①②

诗中的"徐偃"是指西周时期徐国的徐偃王,好行仁义之道而不知诈人之心,以至于灭国。有文献记载徐偃王"有筋而无骨"③的异状,因此会驼背;但也有其他说法(此处采用袁枚的说法),他是因为近视才会驼背的。十八世纪,中国的眼镜镜片通常是由石英晶体制成的。

袁枚乘船从苏州前往江宁,这一天是他的五十岁生日(按西方的年龄计算习惯,他其实是四十九岁),但是他并没有庆祝,就这么在船上过了。在船上,他写道:

三月归未得,五旬忽在躬。
晨兴忆生辰,独坐对孤篷。
平生幸早达,岁月原从容。
每见半百叟,夷然不界胸。
自谓去之远,相隔如十重。
何图遽自及,光阴来匆匆。
古人服官政,到此成事功。
翁子最晚遇,亦复夸遭逢。
而我复何为,双鬓徒蒙茸。

---

① 《荀子》:"徐偃王目可瞻焉。"即近视也。
② 出自袁枚《嘲眼镜》。
③ 《尸子》中记载:"徐偃王有筋而无骨,駰(yīn,因)谓号偃由此。"

簪缨既了鸟,事业复笼东。
来日欠亦少,去日积已空。
旁人称介寿,掩耳听未终。
颇如女新婚,言之两颊红。
羡杀冯瀛王,生日俱朦胧。
且喜挥羽扇,渡江唱阿童。
称觞无宾旅,击楫有舵工。
舟冉碧流水,蓬蓬远山风。
谁能指烟波,中有五十翁。①

在这里,笔者需要解释一下诗中的"冯瀛王",即冯道(882—954),五代十国时期著名宰相,病逝后被追封瀛王。冯道自幼失去双亲,终身未能得知自己的出生年份,因此不能求卜问卦。诗中的"唱阿童"指的是公元三世纪的一个童谣,是这样唱的:

"阿童复阿童,衔刀浮渡江。不畏岸上兽,但畏水中龙。"②

在这一时期(约1760—1765),袁枚给江宁南部知府李棠写了一封信,这封信有点特别。信中说自己过北门桥时遇见一位剃头匠,因赌博而被带枷示众,其人"嫣然少年,饶有姿媚"。于是他动了恻隐之心,向县令求情道:"……可见

---

① 出自袁枚《五十岁生日舟中作》。
② 阿童:晋王濬的小字,出自《晋书·羊祜传》:"时吴有童谣曰:'阿童复阿童,衔刀浮渡江。不畏岸上兽,但畏水中龙。'祜闻之曰:'此必水军有功,但当思应其名者耳。'会益州刺史王濬徵为大司农,祜知其可任,濬又小字阿童,因表留濬监益州诸军事,加龙骧将军。"

天性好赌，自古有之。王侯将相且然矣，况里巷子弟乎？且造物虽巧，生人易，生美人难。谈何容易，于千万人中，布置眉目，略略妥当，而地方官不护惜之，反学牛羊，从而践踏之，忍乎哉？"并引用了唐人诗来为此少年说理："休将两片木，夹杀一枝花。"

在这里应该说明的是，袁枚对李棠绝无敌意，1738年考取会试时他们就认识了。袁枚说："我们初次见面时，两人性情迥异，很难相处。但最终他成了一位坚定而忠实的朋友。"李棠临终时说："袁枚是真正理解我的人。让他为我撰写墓志铭吧。"李棠（约1714—1786）曾在江宁南部任知府七年，无法确认这封信的确切日期。

袁枚的女儿阿成（前文有所提及）新婚不久后便丧夫，而在1767年，袁枚听闻阿成病重，急忙赶往苏州，舟行至丹阳，却接到了冰冷的讣讯："半年合卺三生了，千里呼爷一面难。"① 在这首诗的结尾，袁枚还写道："独活草生原命薄，未亡人去转心安。"然而，这个女孩只有十八岁，这种情况下再婚在中国非常常见；但是袁枚竟觉得阿成注定要终身守寡，笔者觉得有些许奇怪。

1767年，袁枚的朋友程晋芳（1718—1784）整理了一部袁枚的诗集。程晋芳出身于一个非常富有的盐商家庭："程氏尤豪侈，多蓄声伎狗马。先生独悄悄好儒，罄资购书五万卷，

---

① 出自袁枚《二月十六日苏州信来道孀女病危余买舟往视至丹阳闻讣·其一》。

招致多闻博学之士，与共讨论，屡试不售。"① 十八世纪中叶，程家中落，程晋芳不得不变卖大量自己收藏的书籍，在北京谋得一个官职。在那里，他又因收藏书籍而身负重债。1784年他客死陕西，身后尚欠袁枚五千两银子。1785年程晋芳的遗孀将他安葬在南京，而袁枚将程晋芳所欠五千两的借据尽数焚毁。袁枚写道："晋芳好周济戚友，求者应，不求者或强施之。付会计于家奴，一任盗侵，以故负券如山积。势不能支，祈假赴陕中毕中丞沅②处，冒暑至署，未半月卒，人皆惜之。"③ 笔者在此引用袁枚为程晋芳写的墓志铭。袁枚将这篇墓志铭寄给了毕沅，告诉他可以随意做更改。墓志铭中还提到，程晋芳嫂子鱼嫂来云："中丞许助三千金，代存妥处。"袁枚写道，"枚虽小有资助，而绵力无多，实难为继。……惟是现在待哺甚殷。"④ 毕沅这三千两银子来路不正，但不能否认的是，他用这些钱来资助生活拮据的朋友，并将他们的作品印刷成册。

同年，袁枚发现两年前自己曾经嗤之以鼻的眼镜如今已经成为生活的必需品。当他从盒子里取出眼镜，意识到自己不得不依赖它时，他不禁黯然神伤，因为这表明自己正渐渐老去。他感慨道："今生留盼处，敢不与君同。"⑤

这年，江宁总督尹继善卸任回京，高晋（1707—1779）

---

① 出自袁枚《随园诗话·卷七》。
② 毕沅（1730—1797），字湘蘅，一字秋帆，小字潮生，自号灵岩山人，祖籍安徽休宁，生于江苏镇洋（今江苏太仓）。清朝乾嘉时期官员、学者。
③ 出自袁枚《随园诗话·卷七》。
④ 出自袁枚《与秋帆中丞》。
⑤ 出自袁枚《颂眼镜》。

继任。高佳氏本是汉人，之后提级入满洲镶黄旗。1767年冬，袁枚受邀到高晋家中观戏。袁枚似乎对高家大厅的装潢印象深刻，因为大厅里没有水钟①或鼓（用于报时），反倒有几个会自动响的钟。毋庸置疑，这就是欧洲的钟表。在随园，让袁枚最为骄傲的是那扇紫色玻璃窗，能够体现他对现代化事物的开放态度。对于西方读者来说，看到紫色玻璃，让他们想起的更多是维多利亚时代郊区住宅的拱形窗户。袁枚还在紫色玻璃窗外安装了一块倾斜的玻璃镜子，方便他欣赏更多的景色，而这种做法在欧洲很常见。在高晋家中，他遇到了老友蒋和宁。1739年他们曾在京城一同论史。当时蒋和宁与皇帝的堂兄宁王同住（见上文26页）。如今，他正忙于撰写皇帝南巡的记录。在蒋和宁离开南京前往常州探亲前的几个月里，两位几乎形影不离。人们甚至打趣道："除了袁枚，难道你就没别人想见了？他就像小驴紧紧跟着母驴一样黏着你。"但他们觉得，上天让他们重遇，是对他们前三十年分离的一种补偿。对此，袁枚挥笔写道：

三十年为世，此义本先儒。
人生有几世，君其知也无。
前别已然矣，后别能禁乎。
痛定而思痛，石人应歔欷。

---

① 水钟：又叫作"刻漏""漏壶"。根据等时性原理滴水记时有两种方法，一种是利用特殊容器记录把水漏完的时间（泄水型），另一种是底部不开口的容器，记录它用多少时间把水装满（受水型）。

今夕复何夕，小室围金炉。
　　照窗惊积雪，照雪惊头颅。
　　明知君不饮，姑劝尽此壶。
　　离肠兼老怀，不醉难模糊。①

在这段时间里，袁枚深切地体会到了老之将至的痛苦，或许只有在生命的黄昏时分才能与之相提并论。他的牙齿开始松动，后来竟影响了自己的整个身体机能。他翻阅《易经》寻求指引，从卦象中领悟到了一个明确的讯息——必须将其拔除。随后，他结识了一位巧手的工匠，后者许诺为他精心打造一颗玉质假牙，完美贴合，并以细如发丝的丝线巧妙地将其与周围的真牙相连。然而，尽管这颗假牙在工艺上无可挑剔，但他无法用这颗牙来咬东西。对此，袁枚写道：

　　客道子胡然，宜喜不宜憾。
　　世上利齿儿，虚名孰可啖。
　　原非佐咀嚼，只可遮观览。
　　试问龥然②露，道伪夫谁敢。③

1768年，袁枚写了一首叙事诗《李朗歌》，这首诗是为伶人李桂官而作。早在1767年，袁枚就在苏州遇到了李桂

---

① 出自袁枚《送用庵归毗陵》。
② 龥：quán，缺牙。
③ 出自袁枚《补齿》。

官。彼时，李桂官是一位旦角演员，同时也是音乐家和舞蹈家，只能利用所有的闲暇时间埋头读书。不久后，他到四川南州的季先生家担任舞蹈老师。但他并不想就这样在这偏远的地方度过余生，于是他前往北京，成了太常寺御用乐师。由于存在各种限制，没干多久他便感到厌烦。一次城里的宴会上，他遇到了毕沅，当时的毕沅年轻英俊，年仅25岁。毕沅拿着酒杯走向他，但他并没有起身相迎。毕沅试图拉他起来，问他为什么这么不懂礼数。他说："如果你真的关心我，我们找一个可以推心置腹的地方说话。坦白说，我已经厌倦了在台上演戏，更不想在众人面前展示自己。"从此之后，他们成了彼此的密友。毕沅带着李桂官，和他一起生活，两人一同潜心学习。1760年，毕沅状元及第。毕沅及第后，在庆功宴上，时人皆就毕沅及第纷纷向李桂官表示祝贺，遂称其为"状元夫人"。史贻直（上文提到，1752年，他对袁枚说："我听说你在江宁的官做得很好，可你还是'步了杜牧的后尘'"）笑着说："我揩老眼，要一见状元夫人。"史贻直揩了揩眼睛，看着李桂官，"雾里看花"般点头示意，表示对李桂官的认可。不久之后，李桂官与毕沅的关系似乎产生了裂痕（可能是因为毕沅成婚的缘故），李桂官再度南下，在那里过着奢靡的生活，很快就花光了所有的积蓄。重返北京时，李桂官发现昔日的老友几乎都已离京，而毕沅也即将赶赴甘肃就任。1767年，袁枚在苏州再次见到这个已近19岁的少年，他正打算去甘肃投奔昔日的恩主毕沅。

十九世纪初期的小说《品花宝鉴》中第十二回描绘了毕

沅早年的生活，章节标题为"颜仲清婆心侠气，田春航傲骨痴情"。在第五十五回和五十六回中，有一个角色明显是以袁枚为原型，描述了他假装父亲一般，对伶人表示关心，邀请他与自己同住，但是伶人识破了他的企图并予以拒绝。这两回描述了袁枚的晚年生活，字里行间充斥着对袁枚的不满和恶意，体现了十九世纪早期的中国人对十九世纪的中国以及当时名人的普遍看法。在任何时代，像上述这类诗作出现在诗人的作品集里都是不寻常的，尤其是毕沅本人可能会对其出版感到不悦。但毕沅似乎并不在意，直到1797年他去世前几个月，他和袁枚的关系一直很融洽。

1768年，袁枚的另一位昔日同僚同样遭受了乾隆年间文字狱的迫害，这个人就是齐召南。1736年的博学鸿词科考中，他被钦定二等第十名，而那时袁枚落榜。那年袁枚在北京与齐召南有过接触，但之后逐渐疏远，几乎未再见面。之后齐召南从官，在1765年退休回到老家浙江天台，天台九华地藏寺①就在附近。1767年，他的堂兄齐周华被发现曾在四十三年前写下对满族人和雍正皇帝不敬的言论，被判处死刑。由于齐召南曾为堂兄的某部作品作序，他也因此受到牵连，被逮捕至京城，后遭革职并归还大部分家产，只剩下一块价值五百两银子的土地。此事对他打击严重，1768年病倒逝世，享年六十五岁。

---

① 齐召南的《天台山方外志要》中有对地藏寺的记载："地藏寺，县西北七十里腾空岭上。乾隆间，僧佩先结茅施茶接众，首创大殿。今僧慧修继之。苦志营建，遂成丛席。"

袁枚虽在晚年只是偶尔到访杭州，却从未忘记那才是他的家。多年来，他在随园中打造了一方袖珍的西湖景致，精妙地复刻了杭州西湖畔的桥梁、山峦、堤岸等诸多景致。他写道："使吾居吾乡，必不能终日离家以游于湖也。而兹乃居家如居湖，居他乡如故乡。"①

1769 年，袁枚的堂弟袁树在河南任职，生了第一个儿子，他为这个孩子取了一个乳名叫阿童。袁枚本人虽然有几个女儿（都是妾室所生），但一直没有儿子。袁树提议将阿童过继给袁枚，袁枚欣然接受。

同年，刘墉（1719—1804）新任江宁知府，为人勤俭，品德高尚。不仅对自己要求严格，对家人亦如此。有传言称（上文亦提到），刘墉曾认为袁枚道德败坏，想将其逐出江宁，遣返杭州。当时江宁确有规定，旨在阻止外来人口进入江宁，无疑刘墉也下达了这样的通知。但是，实际情况如何，在《随园诗话》中还有另外几首诗中，袁枚对此也解释清楚了。《随园诗话补遗·卷六》中，袁枚写道："乾隆己丑，今亚相刘崇如先生出守江宁，风声甚峻，人望而畏之。相传有见逐之信，邻里都来送行。余故有世谊，闻此言，偏不走谒，相安逾年。公托广文刘某要余代撰《江南恩科谢表》，备申宛款。方知前说，都无风影也。旋迁湖南观察。余送行有一联云：'月无芒角星先避，树有包容鸟亦知。'不存稿，久已忘矣。今年公充会试总裁，犹向内监试王莳亭诵此二句。王寄

---

① 出自袁枚《随园五记》。

信来云，故感而志之。"然而，刘墉驱逐袁枚这个事情不攻自破。但袁枚去世前，清代学者章学诚（1738—1801）在一次针对袁枚的激烈抨击中再次提及此事，他指责袁枚"混侧清流，妄言文学，附会经传，以圣言为导欲宣淫之具，蛊惑少年，败坏风俗人心，真名教中之蟊贼，非仅清客之谓也。"

这时，袁枚的同期好友沈荣昌（后来他的女儿嫁给了袁枚的独子）听闻袁枚中风，于是送来一种用狼油制成的药膏，据说这种药膏能够恢复瘫痪肢体的活力。然而，这同样是个谣言；但袁枚似乎也不知道谣言从何而起。

1752年离世后，袁枚的父亲被安葬在一个临时墓地中，长达十七年。直到1769年农历十二月，一位风水先生才在距离随园仅百步之遥的地方，找到了一块风水宝地，作为袁父的最终安葬之处。于是，当月他举行了迁葬的仪式。袁枚写道："余少时，父仕于蜀桂，经年不归。后余赴京应试，父子聚少离多。今得会于随园，父将永息于此，受吾辈之祭。父子自此不复相离。"不过，这最后的心情不应该被过分字面理解，因为袁枚习惯于每年都会有一段时间离开南京，去往扬州或苏州，而且随着时间的推移，他外出旅行越来越频繁。同年，袁枚作诗《钟》：

> 古寺僧归佛像倾，一钟高挂夕阳明。
> 可怜满腹宫商韵，小扣无人敢作声。①

---

① 出自袁枚《钟》。

1771 年，袁枚的恩师尹继善去世，享年七十五岁，被安葬在辽宁锦州的郊区，那也是尹氏家族的墓地。一生征战沙场的满族人通常会在那里生活直到死亡。然而，作为满族人的尹继善却受过良好教育，1723 年考取进士，起家翰林院编修，闲暇时醉心于中国文学。袁枚笔下的尹继善，宛如一位 18 世纪的中国绅士。因此，想到他被以异族的仪式安葬在长城之外时，笔者实在感觉奇怪。尹继善先后任职总督三十年，1765 年离开江宁，袁枚随他一路北上，直到山东聊城（大运河与黄河交汇处）。原本两人计划在清晨告别，但当袁枚早起洗漱时，信使到来告知尹继善已经提前启程，因为他无法面对最后的告别。

同年，袁枚到访杭州，雇了一顶轿子。途中，他注意到轿夫好奇地打量他。轿夫说："我觉得我们曾在哪儿见过。"对此，他写道：

>朝呼舆夫至，色然视我惊。
>毋乃我与汝，彼此有平生。
>舆夫拭其目，再视再叹嗟。
>道我新婚时，渠曾推婿车。
>翩翩小翰林，容色如朝霞。
>胡为久不见，一老如斯耶。
>舆夫言未终，我心生隐痛。
>如逢天宝翁，重说黄粱梦。①

---

① 出自袁枚《还杭州五首·其三》。

诗中最后一句蕴含两个典故("天宝翁"和"黄粱梦"),需要对读者进行阐释,但也并非那么晦涩难懂。天宝年间(742—755),唐朝达到了极盛的繁荣。然而,好景不长,天宝末年发生了安史之乱,这场大规模的内战严重削弱了唐朝的国力,唐朝由盛转衰,使得天宝时期的繁华如同昙花一现,留给后人的只有对那个时代梦幻般的回忆。甚至到了九世纪初,人们有时还能遇到一位天宝旧人"仍在述说着已逝王朝的荣耀"。另一则典故是"黄粱梦",也可叫做"邯郸梦"。唐代文学家、小说家沈既济《枕中记》里写道,从前有一个书生卢生前往京城求取功名,在邯郸一个客店留宿,店主正开始做黄粱饭,卢生靠在另一个客人给他的枕头上入睡,在梦中他赴京城、中进士、步步高升,后被贬回原职,一路长途跋涉、好不辛苦,又被指控叛国,判处死刑,后被救赎,最终享年高寿。梦醒后,主人的黄粱饭都还没做熟。在片刻的睡眠中,他经历了仕途的大起大落,顿悟了人生的道理。随后,他返回村庄。这个枕头是魔法,而给他枕头的客人是一位道士。

通常情况下,笔者不会翻译含有这类典故的诗歌,因为读者在阅读时要额外花费时间理解里面的典故。这时,他们可能就会觉得自己读的不是诗而是文献。然而,中国古诗蕴含大量典故,袁枚的诗亦如此,因此笔者想翻译至少一首蕴含典故的诗,让读者知道袁枚在诗中是如何处理这些典故的。

1772年,袁枚整理了1900多首诗和其他作品,这些都是过去四十年间五湖四海的朋友寄给他的。同样，袁枚依然忙于给他人写诗。他的医生湘山子请他为自己四十岁生日写一首诗，特别要求不得提及他是一名医生，因为"百姓瞧不上医生"。确实，那时候医生受到鄙视，部分是因为他们拥有专业知识，而对于儒家学者来说，他们只需要拥有常识足矣。别的原因，如我们所见，人们觉得医生如同巫师和神婆。袁枚在诗的开头写道："道艺无二理，所贵非名高。"然后，他将一系列关于"治疗"的传奇和典故结合起来，使得"医生"这一词在诗中间接出现了十余次。①

烈日当空，清闲无扰，袁枚作诗曰：

空山三伏闭门居，衫着轻容汗有馀。
却喜炎风断来客，日长添著几行书。②

诗中的"书"很有可能是他的《随园随笔》，笔者在后面会提到这本书。

某天，一位李姓伶人来到袁枚家中，他曾是尹继善的侍从。袁枚带着他去了存放旧信件的房间，一起翻阅了尹继善曾经寄给袁枚的书信，大多是由对尹继善忠贞不贰的李先生所送。对于此事，袁枚写道：

未入门先两眼红，知卿感旧意忡忡。

---

① 这首诗是袁枚的《湘山子四十岁索诗》。
② 出自袁枚《三伏》。

十年重到前游处，可是山中是梦中。①

　　1772年或1773年，为了"躲避某人"或逃避其管辖，袁枚跑到安徽滁州，大约十五年前，他在那里购置了田产。1770年，新任江宁知府钟广宇做了他的前任刘墉被传要做的事情，驱逐了袁枚。关于这位新任知府的信息似乎不多，袁枚仅提到他渡过长江后就即刻返回了。在一首离别诗中，他安慰自己说"诗人从古爱迁家。"② 至于他刚出发就返回的原因。我们不得而知，有可能新知府被钱金田（音译）接替，而他一直担任知府直到1775年。

　　袁枚的妾室金姬有个妹妹叫凤龄，十来岁就被卖到富贵人家作婢女或卖身为奴。袁枚将她赎回，并与金姬一起生活。凤龄当时只有13岁，长得非常漂亮，袁枚也非常喜欢她。但考虑到自己年近花甲，要是跟了自己，将来会怎么样不得而知。即便不情愿，他还是在苏州为她找了个郎君。在她的告别宴上，袁枚作诗"寂寞萧斋背花坐，避他含泪上车时"③，因为含眼泪上花轿在当时是不祥之兆。凤龄嫁为妾室，正室对她非常苛刻，夺走了她的戒指和梳子，不给她饭吃，以至于她很快就"像一只生病的蝴蝶一样萎靡不振"，最终自缢身亡。对于这件事情，袁枚自然深感自责，因为一片好心却酿成了摧花惨剧。

---

① 出自袁枚《赠李郎》。
② 出自袁枚《例有所避将迁滁州留别随园四首·其三》。
③ 出自袁枚《三月六日作》。

1773年夏，袁枚在扬州观看了朋友蒋世铨创作的《四弦秋》首演。《四弦秋》作为清朝最著名的戏剧，如果袁枚能够描述一下自己对这部戏剧的印象，那将会妙趣横生。然而，他对扮演琵琶女的伶人惠郎比对戏剧本身更感兴趣。戏剧的故事情节大致如下：白居易被贬官一载后，在浔阳江头送客，听到邻船琵琶声，便邀演奏者上船相见。演奏者即为花退红（花退红本是长安名妓，现已年老色衰，嫁与九江茶商吴名世为妻。三春时节，吴不顾花退红留恋，将往浮梁买茶），白居易问明其身世后，又不解她何以沦落至此，花便用琵琶倾诉自己的际遇，当唱到兄弟失散、姨娘病故时声泪俱下。白居易听后感触颇深。

在舞台上，琵琶女在屏风后唱歌，以示其正在船舱内。惠郎扮演女角，最初只能看到屏风后面一个纤细的影子。接着，他开始婉转地唱道：

> 风吹柳花满店香，吴姬压酒劝客尝。
> 请君试问东流水，别意与之谁短长？

对此，袁枚也写道：

> 惠郎娇小影伶俜，呖呖歌喉隔画屏。
> 好似流莺啭高树，不教人近只教听。①

---

① 出自袁枚《扬州秋声馆即事寄江鹤亭方伯兼简汪献西·其三》。

1773年,袁枚得知好友程晋芳被任命为《四库全书》的总目协勘官,《四库全书》是清代乾隆时期编修的大型丛书,是中国古代最大的文化工程。毫无疑问,这在当时是一项大型文化工程,但也成了迫害文人的主要工具之一。凡被认为违悖伦理纲常、不合义理名教、讥贬满族先世、危及皇朝统治地位的,均在禁毁之列,许多人因此受牵连。袁枚并没有被邀请参与《四库全书》的编修中,对此可能感到些许失望。他写道:

> 我犹未免为乡愚,闻见狭隘探索疏,侧身西望空嗟吁。
> 不能从子为书奴,但愿抄其目寄予。
> 俾得约略知些须,此身不负生唐虞。①

同一时期(约1773),他开始收到大笔的润笔费。在《随园老人遗嘱》(1797)中,袁枚这样说:"卖文润笔,竟有一篇墓志送至千金者。但像董士民和鲍志道这样的名工巨卿、豪门富户当然很少见。"这里提到的第一篇墓志铭收录在他散文集第三卷中,是为董士民母亲所作的墓志铭,她在1773年去世。这篇墓志铭大约有800字,所以按照现在美国的标准,润笔费是极其可观的。鲍志道(1743—1801)请袁枚写文章的时间要稍晚一些。这里提到的是关于鲍志道父亲的一篇文章,写于1795年。这篇文章只有短短的四页,润笔

---

① 出自袁枚《闻鱼门吏部充四库馆纂修喜寄以诗》。

费却高达千两银子。鲍志道最初在一家茶店工作，后通过自己的努力工作和勤奋学习，攒够资金后，独自经营盐业。鲍志道慷慨解囊，热心赞助社会公益和慈善事业，成了当时最出名的慈善家。

如果千两银子是他获得最高的润笔费，那么我们可以合理推测，通常情况下，袁枚通过文学创作可获得三百到五百两银子的收入。此外，袁枚还卖自己写的书，也从中赚了不少银子。他给木刻师的报酬大约是每连续两页三十三两三钱银子。卖书早期，他的朋友也帮了不少忙。木刻书就是他的收入来源，被存放在楼上的房间里，按需进行印刷，他家中就有刻版印刷的作坊，印刷工人会来他家完成工作。他自己就是出版商。但是，如果书商认为有利可图，可以重新刻版印刷，这在当时并不违法。商业版通常纸张廉价、印刷质量较差，他根本无法从中获利，但是这样做也能让自己的作品受大众欢迎。

上文提到乾隆组织编修《四库全书》，地方官员在民间访书，命家有藏书者捐赠。当然，袁枚的藏书也没有逃过那些"图书馆丞"的注意，他同意将自己拥有的所有珍稀书籍和手稿捐赠给朝廷。他还借此机会处理掉那些纯语言学的作品。后来，他下定决心，读书的时候不求甚解。他说："这个朝代有太多人做校对工作，着实有些大材小用。"

1774年春，他与伶人桂郎一同在杭州游玩。五天后，桂郎去南京赴约，只剩袁枚一人，他在客栈里感到非常凄凉，无法入睡，他写道：

> 浮生聚散苦情多，五日缠绵奈汝何。
> 今夜江城月如雪，玉人何处一声歌。①

然而，在下一首诗中，另一位伶人取代了桂郎的位置，陪伴袁枚前往钱江。

1774年，陶易被任命为江宁知府，他在江宁任职还不到一年，但和袁枚已成好友，之后陶易调任广州，二人仍保持书信联系。一次，袁枚在陶易的书桌上意外发现了一些自己早年的诗稿，这些诗他原本已弃置不用，于是便把这些诗拿走，重新润色后带回去给陶易看，并解释说："花因早采香犹薄，琴是初弹手尚生。"②

1774年除夕夜，他写道：

> 年年除夕侧耳听，爆竹声声直到明。
> 今年除夕听不得，鸡唱一声人六十。
> 大挠甲子已删除，纵有光阴是羡馀。
> 鸡若相怜缓开口，依旧我还五十九。③

1765年，蒋士铨迁至江宁，与袁枚为邻，带着母亲一起生活。不久后，两人的母亲成为挚友。袁枚描述道（尽管蒋

---

① 出自袁枚《桂郎归后是夕客寓怃然不能成寐·其二》。
② 出自袁枚《见太守案上抄枚文字皆少年未定之作不知得从何处心为赧然袖归改削再呈而先以诗谢》。
③ 出自袁枚《除夕》。

士铨的母亲当时仅59岁）：

> 两位老人成了近邻，兴趣相投，便常常结伴出行。但不久后，蒋士铨应召前往绍兴的稽山书院，不得不带着母亲离开。我的母亲非常想念她的朋友，常感叹与蒋夫人的分离如同失去了春风一般。今年正月（1775年），蒋夫人在扬州去世，蒋士铨立刻写信给我，请求我为他的母亲撰写墓志铭。我知道这个消息会让我的母亲伤心，因此过了许久才敢告诉她。考虑到蒋士铨在文学界的地位以及他广泛的人脉，我最初很是犹豫要不要答应他的这一请求。最后，我认为，蒋夫人与我的母亲感情深厚，爱屋及乌，对我也有了特别的感情，或许她的一个遗愿就是希望我能为她撰写墓志铭。

同年，袁枚依旧没有儿子，于是便收养了其堂弟袁树的儿子阿童作为养子。当小阿童被放置在书堆上时，高兴地咯咯笑，大家认为这是一个好兆头，预示着阿童会继承袁枚的品位和爱好。然而，到访的客人们仍然坚持认为，孩子这么小，肯定是袁枚的孙子，而不是儿子。

同年，袁枚编成《全集》六十卷，并将它印刷出来。对此，袁枚写道："强颜且付麻沙本，一任千秋万目看。"① 笔者不知道这个版本是否还存在。

---

① 出自袁枚《全集编成自题四绝句·其四》。

袁枚步入花甲，自觉年事已高，甚至一度决定不再写诗。他在多年后给恩师尹继善的儿子庆兰写信时提到："年过六十，屡次戒诗。"但他后来意识到，诗歌是情感的表达，即使到了六十岁，人们仍然拥有自己独特的感受。人到晚年，越发觉得力不从心的便是描写具体的环境，因为这些环境对每个人来说都是相同的。

> 莺老莫调舌，人老莫作诗。
> 往往精神衰，重复多繁词。
> 香山与放翁，此病均不免。
> 奚况于吾曹，行行当自勉。
> 其奈心感触，不觉口咿哑。
> 譬如一年春，便有一年花。
> 我意欲矫之，言情不言景。
> 景是众人同，情乃一人领。①

这是一首非常有趣的诗，与前面提到的诗有些相似，题为《题黄粱梦枕图》。这首诗的主题是"邯郸之梦"，即那个年轻人在邯郸客栈梦见一生荣辱的故事。这一主题在上文提到他回到杭州碰到轿夫时所作的《还杭州五首·其三》中也有所提及。诗句如下：

---

① 出自袁枚《人老莫作诗》。

非因非想梦难通，人有心情各不同。

我过邯郸曾有梦，梦摊书卷万花中。①

袁枚在诗中首句应用了佛教用语，"因"是梵文中的"samjna"，"想"是梵文中的"hetu"。袁枚很少使用佛教用语作诗，但显而易见的是，他在这里用这两个词为的就是展现佛教的意象。"花"当然是指"爱情"，这在他的许多诗中都很常见。这首四行诗着实"难以理解"，但若非如此，也不会达到其本来目的。

1777年底，他完成了《随园随笔》的前十五章。直到生命尽头，他都还在添加内容。袁枚去世几年后，《随园随笔》印刷出版，彼时的内容是原来的两倍之多。中西方大部分学者在阅读时都会做笔记。但是有一个问题，这些笔记该怎么处理呢？正如袁枚自己说的那样，当笔记达到一定数量时，"岁月既多，卷页繁重，存弃两难"。在西方，一些笔记会被整合进书中或者是学术文章中，还有的则会出现在专业期刊上。笔者曾经问过法国学者保罗·佩利奥特（Paul Pelliort），为什么他要浪费时间评论这么多明显毫无价值的书。佩利奥特回答说，只有这样，他多年来积累的知识才有用武之地。十八世纪的中国并没有学术期刊。在一定程度上，那时只有文人之间的书信往来，然后复拓下来互相传阅。袁枚经常与朋友保持书信往来，我们发现他将这些书信中的内容收录至

---

① 出自袁枚《题黄粱梦枕图》。

《随园随笔》中。在中国,一直就有将这类随笔笔记印刷出版的传统,或随意编排,或像袁枚的书那样按主题分类。因此,就研究价值而言,这类书籍(除非有索引)几乎毫无用处,直到近代才有人为这些书籍编制索引。这类书籍往往涵盖了一些早就被别人提出的小发现,而作者本身并不知情,这也是它们的另一个缺点。现在,西方学术界要求作者在写作前,必须掌握全球各地相关主题的所有文献。这个要求理论上无懈可击,但在实践中却有一个缺点,即学者可能在动笔之前进行了长达数年的初步研究后却发现关于此主题的现有文献毫无当代价值可言。

如果读者懂中文,作者才有可能在书中对《随园随笔》中的各种观点进行深入探讨。在这里,笔者只能大致介绍一下袁枚的治学方法。他所生活的年代,儒家经典不再被视为不可质疑的圣书,而是开始像普通古代文本那样接受批判。这样的结果就是,许多过去被归于孔子或其弟子的作品,后来被发现实际上成书于更晚的时期,因此其权威性大大降低了。这一过程中,最具轰动性的是阎若璩(1636—1704)通过写书证明《尚书》的一大部分实际上是公元四世纪的伪作,他的书于1745年首次出版,并广为人知。袁枚了解这一转变,并且他对儒家经典的看法与当时较为前卫的学者相似。然而,他在学术问题上从未进行过系统或全面的探讨,他的许多评论虽然秉承了当时的理性主义精神,或许比传统观点更接近事实,但明显浅显且不成体系。

在谈到袁枚的笔记和其他著作时,我们不妨顺便谈一下他的人生哲学。这两者紧密相连，因为每一位提出自己独特见解的中国作家都觉得有必要通过引经据典来为其观点正名。对于袁枚来说，如果无法找到支持自己观点的典籍，他便会断章取义，从原文中抽离一些词句，并对其进行曲解，以便使其符合自己的论点。袁枚的哲学观的基础是：凡是能够通过感官体验到的快乐，都是上天赋予我们的，供我们享受的。我们如果不充分利用它或阻止他人享用它，就是在亵渎上天。至于他人如何在这一点上履行对上天的职责，那确实是他们个人的事情，与旁人无关。绝不能有"偷窥隐私"的行为。笔者之前提到袁枚的"哲学观"，这个说法可能过于夸张了。人们在采纳一个哲学体系时或多或少会遇到一些难题，因此他们便期望哲学家能够为其答疑解惑。例如，就袁枚的"哲学"来说，如果一个人充分利用上天的恩赐而影响到他人的利益，该如何处理？但据笔者所知，他从未探讨过这一问题。或许，将其称为他的"世界观"更为妥当。

《大学》曰："无情者不得尽其辞。"这里的"情"在其他语境下还有"情感""激情"的意义。袁枚在其一篇文章中将这句话曲解为："一个人如果不追求感官之乐，那么他也无法充分表达自己的意图"，随后用这句话来支撑自己有关"及时享乐"的观点。笔者认为，与袁枚放荡的生活相比，他的这种诡辩对后世学子带来的危害更大。当然，这些诡辩也使得人们不再将他看作一个严谨的文学家。

陶易（1717—1778）与袁枚交好，他学识渊博且富有同情心，在南京总督这一职位上稍作停留，便不断升迁。他和袁枚继续保持通信。1777年，陶易送给袁枚一份特别适合老年人的礼物——一瓶特制的染发剂。袁枚回信表达感谢，信中提到陶易深受皇上赏识。但好景不长，1778年，陶易因受文字狱的折磨而逝世。1778年夏天，南京御史台接到了一个任务，要审查徐述夔的作品。由于当时审查官员忙于检查其他可疑著作，作品数量多，这项任务暂时得以搁置。1778年秋，刘墉任江苏学政，提醒乾隆徐述夔的作品还未处理。在审查中，发现徐述夔书的某些诗句有"怀念前明、诋毁满清"之语。现在很难判断究竟是否如此，因为该诗已经不复存在了，要做出判断的话，需要阅读全诗，通过上下文的联系做出判断。但可以肯定的是，诗中的句子原本并不具有煽动性质，只有强行解释才能被解读为煽动性的。此次审查发现，相关官员，包括袁枚的朋友陶易，在处理此案时有失职行为。陶易因此被判入狱，他在狱中去世。而徐述夔被处死，且在死后被剖棺戮尸。陶易年岁已高，在狱中去世也并不奇怪。1711年，方苞（1668—1749）被指控为一本含有煽动性内容的书撰写序言，他在散文《狱中杂记》一书中记录了京城监狱中的生活，令人发指。书中他写道："而狱中为老监者四，监五室，禁卒居中央，牖其前以通明，屋极有窗以达气。旁四室则无之，而系囚常二百余。每薄暮下管键，矢溺皆闭其中，与饮食之气相薄，又隆冬，贫者席地而卧，春气动，鲜不疫矣。狱中成法，质明启钥，方夜中，生人与死者并踵顶而卧，无可旋避，此所以染者众也。"

在陶易逝世之后（确切的时间笔者无从得知），袁枚执笔回顾了陶易官场生涯初期所审理的一系列案件，展示了他非凡的公正与睿智。袁枚这样做，无疑是冒着极大的风险，甚至还可能招致牢狱之灾。

1778年秋，袁枚迎来了一桩喜事——妾室钟姬给他生了个儿子。他给这个儿子取名"阿迟"，意为"晚来的孩子"。然而，正如我们所知，堂弟袁树早已将自己的儿子阿童过继给了袁枚，袁枚也已经决定立阿童为继承人，这一安排并未改变。次年，袁枚带钟姬和其他妾室，将小阿迟带到杭州，以告慰祖先。在杭州还有很多袁枚的亲戚，姑母和姐姐们常常围着自己转，如今她们都是"半老徐娘，白发飘飘"。他向她们许诺，将会带小阿迟亲眼看看皇帝巡游的盛况和绚烂的烟花，因为乾隆打算在1784年再次南巡。回到南京时，袁枚带回了一车"鬼魂"，也就是他一直在整理的鬼故事素材。

1780年伊始，一场大雪降临，袁枚和他的家人忙碌起来，他们在棚子里拿桶将雪储了起来，以备夏日之需，对此，他写道：

> 平生最爱月与雪，月不能留听其缺。
> 雪更多情来我家，天之所赐敢拜嘉。
> 庚子元宵雪不止，主人攘臂清晨起。
> 呼僮率婢拉老妻，涤瓮排罂抱筐篚。
> 奔前斛雪如斛粮，晶莹洁白载入仓。
> 不许纤瑕污玉粒，兼持仙杵捣玄霜。[①]

---

① 出自袁枚《藏雪》。

袁枚说，这些雪将会保存到深夏，可谓"大夫伐冰无此乐，匹夫怀璧殊堪娱。"

他又患疟疾，写诗表达自己对年老体衰的无奈。对此，他写道：

> 行时踽踽坐蕢腾，自觉今年老不胜。
> 藏物怕忘凭笔记，看山虽好让人登。
> 宵眠不待更三点，昼食曾无粟半升。
> 大概衰翁何所以，春来残雪晓来灯。①

他还写道：

> 半刻清谈觉气差，未行三步想呼车。
> 空留两只婆娑眼，贪看人间雾里花。②

诗中"雾里花"是人的意思。

为了掩饰衰老带来的容貌变化，他三十年来始终坚持戴帽子、穿长袍，时过境迁，这种穿衣风格竟然再次成了流行的宠儿。袁枚写道：

> 长短衣裳阔狭冠，卅年变换太无端。

---

① 出自袁枚《觉老》。
② 出自袁枚《衰年杂咏·其七》。

幸亏守定当初式，古样重当时样看。①

1778年春，袁枚母亲去世，享年九十三岁。她性格沉静，不喜表露情感，对万事万物持怀疑态度。袁枚曾这样追忆他的母亲：

她不守斋戒，也不拜佛。她不信阴阳之术，亦不祷告。闲暇之余，她喜欢拿起一本唐诗，自得其乐地吟诵。……当她感到生命即将终结时，她召我前去告别。"我要离开你了"，她说。我不禁发出一声惊呼。"别傻了"，她说，"你现在肯定对我已经厌倦了吧！每个人终有一死，而我已是九十三岁。你不应该为此悲伤。"她抬起袖子为我拭去泪水，然后安详离世。即便我自己的头发已斑白，她仍把我当作孩子看待。每当我走进她的房间，她总会给我一块点心或一片瓜果，确认我热时是否穿得太厚，冷时是否够暖，并确保我吃的是健康的食物。当然，我也依着她把自己当成小孩，以至于完全忘记了自己是个历经沧桑的老者。直到失去她，我才完全意识到自己已经是六十二岁了。②

袁枚写道："戊戌年，黄河水决。河官督治者每筑堤成，

---

① 出自袁枚《衰年杂咏·其三》。
② 原诗出自袁枚袁枚的《小仓山房》诗集，题曰"儿鬓"，内容为："手制羹汤强我餐，略听风响怪衣单。分明儿鬓白如许，阿母还当襁褓看！"

见水面有绿毛鹅一群翱翔水面，其夜堤必崩。用鸟枪击之，随散随聚，逾月始平。虽老河员，不知鹅为何物。后阅《桂海稗编》载前明黄萧养之乱，黄江有绿鹅为祟，识者曰：'此名浮尼，水怪也，以黑犬祭之，以五色粽投之，则自然去矣。'如其言，果验。"①

1781年，袁枚的女儿鹏姑嫁给了史贻直的孙子。史贻直曾在1740年担任翰林院检讨，负责监督翰林学院的教学工作，始终对袁枚非常友好和善。史家位于溧阳，距离袁枚曾任职的溧水不远。袁枚曾说："鹏姑貌中下，天资颇和柔。"他把她当作自己的"女记室"②。对此，他写道：

我欲考奇字，命渠字书求。
我欲闻异闻，唤渠齐谐搜。③

袁枚有一个朋友名叫罗聘（1731—1819，字遯夫，号两峰），他因绘制鬼魂和幻象的画作而闻名。他也为袁枚画了一幅肖像，袁枚为其写了颇为拗口的大段题跋："两峰居士为我画像，两峰以为是我也，家人以为非我也，两争不决……我亦有二我，家人目中之我，一我也，两峰画中之我，一我也。……两峰居士既以为似我矣，若藏之两峰处，势必推爱友之心，自爱其画，将与鬼趣图、冬心、龙泓两先生像共熏

---

① 出自袁枚《子不语·卷二十二》。
② 记室：指的是协助处理文书的婢女。
③ 出自袁枚《送史婿偕鹏姑还溧阳·其二》。

奉珍护于无穷,是又二我中一我之幸也。"并给罗聘的《鬼趣图》题词:

> 我纂鬼怪书,号称子不语。
> 见君画鬼图,方知鬼如许。
> 得此趣者谁,其惟吾与汝。①

袁枚的短篇小说集《子不语》里面含有大量"奇异故事",初稿很可能在1781年底完成。大约在1796年出版了续集。书名"子不语"源自《论语·述而》中的一段话:"子不语怪力乱神。"这本书包含了许多如今所谓的鬼故事,但也记录了各种不同寻常的经历。书的扉页上写着"于随园娱乐之作"。中国人对奇异故事有着无尽的渴望,自古以来就有奇闻集成的传统。这些奇闻故事或表达对当朝政府的不满,或用于道德教化、或提出非正统的观点。然而,袁枚的奇异故事似乎都是由朋友和同代人向他讲述的、真实的内心感受,有些甚至是他自己或家人的亲身经历。这些故事情节并不连贯,也不太符合当时的文学写作要求,因此从某种角度来看,它们揭示了当时文人们的心理背景。然而,仅作为文学作品来看,西方读者可能会觉得这些故事过于不理性、不连贯。以下是其中一个故事:

---

① 出自袁枚《题两峰鬼趣图》。

叶公好龙，有友王氏，六十寿辰，叶乘驴往贺。暮渡方山，遇一壮士骑马追来，问叶何往。叶告之，壮士曰："幸甚！王某吾族兄也，亦欲往祝其寿。愿与君同行！"叶喜得伴，欣然许之。行未几，见壮士常落后。叶请其先行，壮士佯应之。少顷，又落后矣。叶疑其为盗，屡回顾之。夜深，不复见其人。忽雷电交作，闪电中，叶见壮士倒悬鞍上，足动空中，如步行状；每步履间，雷鸣随之，雷声中，黑气自口出。叶见其舌长数尺，赤如丹砂。叶惊惧，无计可施，急赴王氏家。王氏见二人至，大悦，即请饮酒。叶私问王氏："君与路遇者有亲乎？"王氏曰："然，吾族弟张也，居京师绳匠胡同，业银匠。"叶心稍安，以为夜中所见，或为幻觉。及就寝，不愿与壮士同室。壮士强之，叶不得已而从，唯邀王氏老仆共寝。叶不能寐。三更，烛灭，室中忽明，叶见壮士坐起，光明自其巨舌出。壮士趋叶床前，嗅其帷，涎垂颔下。似知叶醒，转而攫老仆，啖之几尽。叶素敬关帝，急呼曰："大帝伏魔，何在？"声未绝，若击巨锣，关帝自梁间下，执巨剑。壮士化为蝶，大如车轮，振翅御剑。战数合，轰然一声，蝶与帝俱不见。

叶昏仆地，至午，王氏来视，叶已苏，具言其事，王氏见仆床新血犹存。而张氏与仆俱失所在，独张之马在厩。亟遣使至京师，至张氏肆，则张方冶银，未尝至王氏所也。

另外一则故事：

辛卯春，余兄漱六偕邵生入都，至滦城，二十一日，东关客舍皆满。旋得一舍，邵居外间，余兄内间。夜就枕，燃灯未息，且谈且卧。忽见一长大男子，绿面绿须，袍靴尽绿，自门入。长抵屋梁，其冠触纸顶，瑟瑟有声。俄一小物，不及三尺，大头绿衣，亦蹒跚而入。举手为舞，若揶揄状。余兄欲呼，不能出声。邵犹絮语，而余兄不能答一字。正仓皇间，又一男子来，倚矮几坐床侧，面麻而长髯，戴纱帽，衣宽博，束带竟尺。指高大者曰："非鬼。"又指小者曰："此鬼也。"挥手向二物，似有所嘱。二物皆拊掌，屈腰至地，如防风氏状。每屈一膝，辄退一步。末一屈，及门而出。纱帽者亦如是而灭。余兄跃起，将出户，而邵狂呼奔入，曰："见鬼矣！"曰："得毋见二绿人乎？"曰："否。"卧后，即感寒气袭脑，毛发悚竖，犹与君语，君不答。见小阁有十数人，或大或小，面圆如盖，往来无定。自思此辈幻相，置之勿论。忽诸面坌集，叠累成层，门如堵墙，大面丛其上，如磨盘然。众起向我而笑，乃狂叫掷枕，而奔告君。所谓绿人，实无所睹。因告以所见，遂同出，不复索马刍。黎明，闻人相语云："昨宵所宿，乃鬼店也。居者多病疯或死。邑令厌之，十数年前闭其门。二君无恙，殆有阴德，抑或贵征也。"

众所周知，中国人过去常常称呼欧洲人为"番鬼"，即"洋鬼子"。笔者认为这是因为荷兰人、英国人和俄罗斯人的头发为金黄色或红色，让他们联想到了佛教地狱画中的魔鬼形象。讲鬼怪故事的集子如果没有"番鬼"的故事就不完整。袁枚最有趣的"番鬼"故事之一是关于俄国人的。这是他从朋友颜昌明（1731—1787）那里听来的，颜昌明又是从一位名叫伍弥泰的蒙古人那里听来的。当时伍弥泰是满清军队中的一名年轻队长，后来在西北边境担任过许多重要职务。伍弥泰讲述道，在雍正年间（1723—1735），他曾随一支使团出使俄国。他听说俄国北部靠近一片海洋，于是想去看一看。《子不语》中有一个名为《黑霜》的故事记载道：

> 四海本一海也，南方见之为南海，北方见之为北海，证之经传皆然。严道甫向客秦中，晤诚毅伯伍公，云："雍正间，奉使鄂勒，素闻有海在北界，欲往视，国人难之。固请，乃派西洋人二十名，持罗盘火器，以重毡裹车，从者皆乘橐驼随往。"
>
> 北行六七日，见有冰山如城郭，其高入天，光气不可逼视。下有洞穴，从人以火照罗盘，蜿蟺而入。行三日乃出，出则天色黯淡如玳瑁，间有黑烟吹来，着人如砂砾。洋人云："此黑霜也。"每行数里，得岩穴则避入，以硝磺发火，盖其地不生草木，无煤炭也。逾时复行。
>
> 如是又五六日，有二铜人对峙，高数十丈，一乘龟，一握蛇，前有铜柱，虫篆不可辨。洋人云："此唐尧皇帝

所立，相传柱上乃寒门二字。"因请回车，云："前去到海，约三百里不见星日，寒气切肌，中之即死。海水黑色如漆，时复开裂，则有夜叉怪兽起来攫人。至是水亦不流，火亦不热。"公因以火着貂裘上试之，果不燃，因太息而回。

入城，检点从者，五十人冻死者二十有一。公面黑如漆，半载始复故，随从人有终身不再白者。

故事中提到的尧是古代中国皇帝，数千年前统治着"天下"。因此，从中国人的角度来看，在西伯利亚地区发现尧帝建立的石碑并不令人惊讶。伍弥泰参加的中国使团显然是在1732年抵达圣彼得堡的那一支。这个故事似乎是对探索白海尝试的描述。

接下来的故事标题为《成神不必贤人》：

李海仲秀才，秋试京师，在苏州雇鸭嘴船。行至淮上，见舱前来王某求附身，旧时邻也，因与同行。

洎晚，王笑问："君胆大否？"秀才愕然，漫应曰："大。"王曰："惧君生畏，故以胆问。君既胆大，我不得不以实告。我非人，乃鬼也。我别君六年矣，前年岁荒，为饥寒所迫，掘坟盗财，被捕拿获，罪已斩决。今作鬼依旧饥寒，故往京中索逋，仗君乞带。"李问："往索何人之债？"曰："汪某。渠作刑部司官，许拟斩文书到部时为驳减等，故馈以五百金。不料渠全无照应，终不能保全性命，故往祟之。"汪某者，李戚也。李大骇，晓之曰："汝罪宜诛，部议不枉，汪舍亲不应骗汝财物，我带汝往，说明原委，令渠还汝，以解此仇可也。但汝已死，要银何用？"王曰："我虽无用，尚有妻子在家，居与君邻。我索得后，可代我付之。"李唯唯。

又数日，将到京师，王请先行，曰："我且到令亲处作祟，令渠求救无方，君再往说之，方肯听君。否则渠系贪财之人，君虽有言，渠不听也。"言毕不见。

李入都觅寓，迟三日，往汪家，汪果得风狂之病，举家求神问卜，毫无效验。李方至门，病人口语曰："汝家救星到矣！"家人争迎问李，李告以原委。汪妻初意要烧纸钱数万为偿，病人大笑曰："以真钱还真钱，天下无此便宜之事！速兑五百金交李老爷，我便饶你。"其家如其言，汪病果愈。

又数日，来李处催与同归，李不肯，曰："我未下场。"鬼曰："君不中，不必下场也。"李不听。毕三场后，鬼又催归。李曰："我要等榜。"鬼曰："君不中，不必等榜也。"榜发无名，鬼来笑曰："君此时可以归乎？"李惭沮，即日起身。鬼与同船，一切饮食，嗅而不吞，热物被嗅，登时冷矣。

行至宿迁，鬼曰："某村唱戏，盍往观乎？"李同至戏台下。看数出，鬼忽不见，但闻飞沙走石之声，李回船待之。天将黑，鬼盛服而来曰："我不归矣，我在此做关帝矣。"李大骇曰："妆何敢做关帝？"曰："世上观音、关帝，皆鬼冒充。前日村中之戏，还关神愿也。所还愿之关神，比我更无赖，我故大怒，与决战而逐之。君独不闻飞沙石之声乎？"言毕拜谢而去。李替带五百金付其妻子。

《子不语》中许多故事都是关于袁枚的家族成员。下面是关于他祖母的祖母的逸事，要追溯到明朝早期：

  余祖母柴太夫人常为余言，其外祖母杨氏老而无子，依其女洪夫人以终，年九十七而卒。居一楼奉佛诵经，三十年足不履地。性慈善，闻楼下笞奴婢声，便彷徨不能食。或奴婢有上楼者，必分己所食与食。九十以后拜佛，佛像起立答拜，太夫人大怖，时余祖母年尚幼，必拉之作伴，曰："汝在此，佛不答我也。"卒前三日，索盆濯足。婢以向所用木盆进，曰："不可，我此去将踏莲花，须将浴面之铜盆来。"俄而，旃檀之气自空缭绕，端坐跏趺而逝。逝后，香三昼夜始散。

那些转世到极乐世界的人会站在一朵莲花上。祖母的祖母非常虔诚固然很好，但在自己的家庭中过度虔诚可能会令人恼火。下面这则故事就形象地说明了这一点。

  方姬奉一檀香观音像，长四寸。余性通脱，不加礼，亦不禁也。有张妈者，奉之尤虔，每早必往佛前，焚香稽首毕，方供扫除之役。余一日早晨，呼盥面汤甚急，而张方拜佛不已，余怒，取观音像掷地，足蹋之。姬泣曰："昨夜梦观音来别我，云：'明日有小劫，我将他适矣。'今果被君作蹋，岂非数也！"乃送入准提庵。余想：佛法全空，焉得作如此狡狯，必有鬼物凭焉。嗣后，乃不许家人奉佛。

让笔者感到奇怪的是，袁枚生平处世随和，但在这些事情上又表现得如此专横迷信。

关于蒋廷锡（1669—1732）的故事很好地说明了人们之间存在"代沟"。总的来说，十八世纪初的男性秉承严谨的、清教徒式的生活方式；而十八世纪中叶的男性则是热爱享乐和心态宽容的；到了十八世纪末和十九世纪初，又变得拘谨和审慎。袁枚的考官蒋璞的父亲就是典型的严厉老派学者。下面则是关于他们的故事：

公父文肃公戒子孙不得近优人，故终文肃之世，从无演戏觞客之事。文肃殁后十年，文恪稍稍演戏，而不敢蓄养令人。老奴顾升乘文恪燕坐，谈及梨园，怂恿曰："外间优人总不若家伶为佳，且便于传唤。家中奴产子甚众，何不延教师择数奴演之？"文恪心动，未答。忽见顾升惊怖，面色顿异，两手如受桎梏，身倒于地，以头钻入椅脚中，由一椅脚穿至第二椅脚，由第二椅脚穿至第三椅脚。自首至足，若纳于匣。呼之不应。公急召巫医，百计解救。夜半始苏，曰："怕杀！怕杀！方前言毕时，见一长人厂奴出，先老主人坐堂上，声色俱厉，曰：'尔为吾家世仆，吾之遗训，尔岂不知！何得导五郎蓄戏子？着捆打四十，活掩棺中！'奴闷绝，不知所为。最后闻远远有呼唤声，奴在棺中，欲应不能。后稍觉清快，亦不知何以得出。"验其臀，果有青黑痕。

许多故事涉及扶乩①。早期中国似乎并没有出现，但从公元十一世纪开始，它就常出现在大众眼中。扶乩有两种，一种是在道观中由道士举行，以便与主持神灵接触。在这种情况下，沙子被铺在祭坛上，沙子上的痕迹是由悬挂在一种小型绞刑架上的铁笔造成的。两名道士背靠背站立，将手放在"绞刑架"上。更常见的是，袁枚的故事涉及在私宅中进行的扶乩。在这些仪式中，沙子被铺在扁平的盘子或托盘上。有时，人们会非常认真地对待整个事情；而有时，它主要是为了嘲笑鸾生（气仙），鸾生会"附身"在扶乩上。许多鸾生（正如西方扶乩中也有的情况）声称自己是古代杰出人物，或者至少在阴间与这些人物有亲密关系，并能够从他们那里获得信息。然而，鸾生自然容易犯历史错误而露出马脚，如果现场有人足够博学，能够核实他们的信息，这对他们来说就很尴尬了。

对于袁枚，并不排除有这样一种可能性，即那些手扶在

---

① 扶乩：中国民间的一种迷信活动，又称扶箕、抬箕、扶鸾、挥鸾、降笔、请仙、卜紫姑、架乩，等等。

装置上的两个人可能会偶尔密谋、"伪造"交流。但他似乎相信，在一般情况下，无实体的灵魂确实会"附身"在扶乩上。然而，他对他们所写的诗句以及他们的整体教育水平评价不高。他说道：

"一日，降乩节署，甫至，即以此语谢其护持之功。此事无知者，因共称其神奇。"时严道甫在座，因云："记墓志中云：'左卫马邑郡尚德府折冲都尉张君。'考唐府兵皆隶诸卫，左右卫领六十府。志云尚德府为左卫所领，固也，但《唐书·地理志》马邑郡所属'无尚'德府，未知墓志何据？"仙停乩半晌，云："当日下笔时，仅据行状开载，至唐《地理志》，为欧九所修，当俟晤时问明，再奉复耳。"然自是节署相请，乩不复降。即他所相请，有道甫在，乩亦不复降。

当然，这只是一则逸事，并非史料中的片段。但要让它变得可信，准确把握事实至关重要，而袁枚没有做到这一点。鸾生声称的那个人并不是铭文的作者，而仅仅是负责抄写铭文的书法家，铭文是从他的抄本中刻出来的。如果鸾生知道这一点，它就可以就此否认铭文中所有陈述的责任。这个故事明显是为了嘲讽一个自负的鸾生，同时展示袁枚对学术的敏锐程度。但实际上，这主要说明了他对古代学问研究的不严谨。

《子不语》中有几个关于外国人习惯的故事，非常奇怪。

以下是两则故事：

《红毛国人吐妓》云：红毛国多妓。嫖客置酒召妓，剥其下衣，环聚而吐口沫于其阴，不与交媾也。吐毕放赏，号"众兜钱"。

另一则故事的标题为《暹罗妻驴》：

暹罗俗最淫。男子年十四五时，其父母为娶一牝驴，使与交接。夜睡缚驴，以其势置驴阴中养之，则壮盛异常。如此三年，始娶正妻，迎此驴养之终身，当作侧室。不娶驴者，亦无女子肯嫁之也。

奇怪的是，在《子不语》（与全集中包含的版本不同）的不同版本中，这个故事并不是关于暹罗人的，而是关于穆斯林的。笔者猜想原文中最初写的是"穆斯林"，但是一个了解穆斯林的人对这个故事的真实性提出了疑问，于是袁枚将故事的主角改成了暹罗人。

从乔治·斯汤顿爵士对中国马戛尔尼使团的记述中，我们可以得知，当时中国对于"通过内部弹簧和齿轮产生看似自发运动的复杂机械装置"有很大的需求。他说，这些装置在洋泾浜英语中被称为"唱歌"（sing-songs）。袁枚告诉我们：

乾隆二十九年，西洋贡铜伶十八人，能演《西厢》一部。人长尺许，身躯耳目手足，悉铜铸成；其心腹肾肠，皆用关键凑接，如自鸣钟法。每出插匙开锁，有一定准程，误开则坐卧行止乱矣。张生、莺莺、红娘、惠明、法聪诸人，能自行开箱着衣服。身段交接，揖让进退，俨然如生，惟不能歌耳。一出演毕，自脱衣卧倒箱中。临值场时，自行起立，仍上戏毯。西洋人巧一至于此。

熊式一先生将《西厢记》翻译成英文，同时他也是戏剧《王宝钏》的译者，《西厢记》也是为数不多的在西方读者中颇具知名度的中国戏剧之一。

发现了中国甘肃敦煌著名千佛洞的探险家奥雷尔·斯坦因，曾在离敦煌不远的"万佛峡"（或称"万佛崖"）洞窟中停留数日。他在《塞林迪亚》（中文《西域考古记》）第三卷中对这一组洞窟进行了描述，并表示如果能在中文资料中找到关于它的记载将会很有趣。对此，袁枚是这样说的：

康熙五十年，肃州合黎山顶忽有人呼曰："开不开？开不开？"如是数日，无人敢答。一日，有牧童过，闻之，戏应声曰："开。"顷刻砉然，风雷怒号，山石大开，中现一崖，有天生菩萨像数千，须眉宛然。至今人呼为"万佛崖"。章淮树观察过其地亲见之。

1938年，美国考古学家兰登·华尔纳出版《万佛峡：九世纪佛教壁画洞窟研究》，在书中他详细介绍了一组石窟并配插图说明。十八世纪的中国作家对佛教遗址并不太感兴趣。《甘肃通志》（1736）甚至只用了四五行文字来描述敦煌石窟，甚至完全未提及万佛崖。实际上，袁枚的这篇文章可能是二十世纪以前关于万佛崖唯一的中文文献。袁枚的信息主要来源于章攀桂（1736—1803，字淮树），他是一位虔诚的佛教徒，曾为《心经》作注。作为一名佛教艺术的爱好者，他比正统儒家学者对佛教艺术作品更感兴趣。1764年，他在甘肃渭源担任知府，可能正是在那时见到了万佛峡的洞窟。

《子不语》中另一类故事与前面提到的完全不同，这类故事涉及诈骗、骗局等。这里有一个例子：

> 或着新靴行市上，一人向之长揖，握手寒暄，着靴者茫然曰："素不相识。"其人怒骂曰："汝着新靴便忘故人！"掀其帽掷瓦上去。着靴者疑此人醉，故酗酒。方彷徨间，又一人来笑曰："前客何恶戏耶！尊头暴露烈日中，何不上瓦取帽？"着靴者曰："无梯奈何？"其人曰："我惯作好事，以肩当梯，与汝踏上瓦何如？"着靴者感谢。乃蹲地上，耸其肩。着靴者将上，则又怒曰："汝太性急矣！汝帽宜惜，我衫亦宜惜。汝靴虽新，靴底泥土不少，忍污我肩上衫乎？"着靴者愧谢，脱靴交彼，以袜踏肩而上，其人持靴径奔，取帽者高居瓦上，势不能下。市人以为两人交好，故相戏也，无过问者。失靴人哀告

街邻，寻觅得梯才下，持靴者不知何处去矣。

很显然，袁枚编造了一个故事，借此表达自己的观点，这个故事收录在《子不语》的补集中：

> 老仆朱明死一日而复苏，告人曰："我被阴间唤去，为前生替人作债负中证，两造互讦，必须我到，才得明白。我见阎罗王之后，据实剖陈，其案遂定，放我还阳。我出殿门，见柱上有一对联云：'是是非非地，明明白白天。'我叹赏之，以为不愧神明口气。正徘徊间，见有一群托生之鬼从堂上下来，大半多不相识，只有一女子、一老叟，皆我邻也。女有淫行，叟谄富家，以为此二人者，必坠阿鼻地狱矣。及判官走过，手持托生簿，因而问之。"判官曰："某妇甚孝，故托生山西贵人家为公子；叟甚慈，故托生山东为富家女。"朱大不服，曰："我素知某妇不端，某叟没品，俱得托生好处，然则阎罗衙门，何得为是是非非、明明白白乎？"判官叹曰："此乃所谓之是是非非、明明白白也。何也？男女帷薄不修，都是昏夜间不明不白之事，故阳间律文载：捉奸必捉双。"

这个故事不仅反映了袁枚对传统观念的质疑，也暗示了他对道德和惩罚观念的独特理解。通过这种方式，袁枚挑战了人们对因果法则的简单看法，提出了更为复杂的生死观。

在此，笔者会提到另外一则逸事（同样来自《子不语》

的补集）来结束这一部分内容，但故事情节并不连贯，在一些读者看来可能较为琐碎：

> 五台山某禅师，收一沙弥，年甫三岁。五台山最高，师徒在山顶修行，从不一下山。后十余年，禅师同弟子下山。沙弥见牛马鸡犬，皆不识也。因此禅师指而告之曰："此牛也，可以耕田；此马也，可以骑；此鸡犬也，可以报晓，可以守门。"少倾，一少年女子走过，沙弥惊问："此又是何物？"师虑其动心，正色告之曰："此名老虎，人近之者，必遭咬死，尸骨无存。"晚间上山，师问："汝今日在山下所见之物，可有心上思想他的否？"曰："一切物，我都不想，只想那吃人的老虎，心上总觉舍他不得。"

可能有人认为，袁枚《子不语》的故事多数都是从亲朋好友那里听来的，他本人并未参与创作，因此在这本书中不应该占据如此大的篇幅。但是，笔者认为，他在处理这些材料时是非常自由的。他的老朋友、剧作家杨潮观，和袁枚一样曾是鄂尔泰的门生。杨潮观在1770年似乎告诉过袁枚，1782年当他担任考官时，梦到一位美丽的女士，提醒他特别关照某位考生。当他读到袁枚的书时，惊讶地发现他梦中的女士变成了明代名妓李香君。他说："杨先生到处吹嘘他见过李香君。"这就像你或我自夸见过内尔·格温一样。在一封信中，杨潮观表达了自己的愤怒，因为他对歪曲事实的行为非常抗拒。他写道:"弟生平非不好色,独不好婊子之色。"他还(稍显迂腐地)纠正了袁枚叙述中的几个小错误。例如,考试中有七十一名考生,而不是八十三名!最后,正如我们所料,他谴责了《子不语》这个标题,称其"显悖圣教"。袁枚在回信中说:"仆非不好色,特不好妓女之色也。此言犹悖!试问:不好妓女之色,更好何人之色乎?好妓女之色,其罪小;好良家女之色,其罪大。"他还坚称(他确实应该这么做),他已经按照杨潮观所说的将这个故事完整地记录下来。袁枚说道:"凡仆所载,皆足下告我之语;不然,仆不与足下同梦,何从知此一重公案耶?",这不是这两位老朋友第一次发生分歧。袁枚在杨潮观的传记中写道:

> 我们从小就是朋友,但在气质上,我们截然不同。我鲁莽,他胆小;我是个粗心的天才,他稳重且认真;我对道教和佛教不感兴趣,但他热衷于禅宗,并在晚年严格遵守戒律。所以我们有分歧的地方有很多。尽管如此,当他担任四川泸州知府时,还特别寄给我三百两银子,让我在南京为他购置一所房子,以便他能在随园陪我一起度过晚年。

中国文学中有另一本书,与《子不语》内容类似,那就是《聊斋志异》,1908 年,H. A. 贾尔斯翻译了大约三分之一的内容,这本书流传广泛,并多次再版。《聊斋志异》的作者蒲松龄(1640—1715)在他的时代并不出名,而这些故事直到1766年才被印刷出版。没有证据表明袁枚知道《聊斋志异》，尽管他的"鬼故事"的主题内容与《聊斋志异》的相似，但风格迥然不同：蒲松龄的作品语言隐晦、饱含诗意，袁枚的作品则用词简单、通俗易懂。

第六章
纵游山水

1781年,袁枚曾计划与朋友项勇一同去天台山游玩,天台山是一处著名的佛教圣地,位于南京东南约321公里。笔者在第五章提到过项勇,他是一名佛教徒,生性严肃,喜欢与人讨论宗教。项勇曾经还劝过袁枚阅读《楞严经》,但由于某种原因,最后未能如愿,袁枚转而让二十岁的刘志鹏[①]陪他去天台山。刘志鹏十五岁时就中了秀才,为人有教养,聪明,擅长诗歌和绘画,尤擅绘兰。但他更喜欢娱乐消遣而不是读书,终日与歌女为伴,流连于秦淮河的船屋之上。他是儒学大师、抗清名臣刘宗周(1578—1645)的曾孙。1645年,清兵攻破南京,刘宗周宁肯绝食而死,也不做贰臣。他曾写过许多简短的文章,内容通顺易懂,主要论述人性道德的缺陷

---

① 清乾隆时期著名诗人刘霞裳,名志鹏,字霞裳,山阴人。清中期秀才、诗人、文学家,工书画。刘志鹏系明末著名理学家、儒学大师、抗清名臣刘宗周曾孙,也是袁枚晚年主要弟子。

以及对应的解决之法。这些文章都是他在绍兴蕺山书院授课时的内容，并长期作为教材使用。他警告学生，不能"无故娶妾""挟妓""溺爱多坐妻子""造歌谣""观戏场""好古玩""好书画""听妇言""近方士""拜僧尼"等。另外，他还警告学生切莫"读书无序"，而要按部就班的阅读整本书籍。这不禁让笔者想起，父亲以前的家庭教师凯琳小姐认为一旦开始读一本书，不把它读完是不道德的。因此，如果她不小心拿起了父亲留下的关于经济学的著作，即便这些书专业性极强，读起来非常痛苦，她也觉得自己有义务一直读到最后。刘志鹏一定经常被他的长辈们调侃，因为他明显违背了刘宗周的教诲。

1780年10月18日，袁枚与刘志鹏初次相遇，袁枚非常珍视这一天，多年以后，甚至将这天设为纪念日。刘志鹏长得非常英俊，和袁枚一起划船时，岸上的人都会转身盯着他看。袁枚的朋友赵翼写道："余弟子刘霞裳有仲容之姣，每游山必载与俱。"赵云松调之云："白头人共泛清波，忽觉沿堤属目多。此老不知看卫玠，误夸看杀一东坡。"①

去天台山的路上，袁枚首先去了溧阳看望他的女儿，前文提到，她嫁给了史贻直的孙子史培舆。这位年轻人和他的父亲史奕昂（1712—1791）住在一起，史奕昂是兵部右侍郎，因同僚的言语过失，恩给三品卿衔回乡，退休后已经在溧阳生活了十六年。袁枚的恩师史贻直于1763年去世，其故居变

---

① 出自袁枚《随园诗话·卷二》。

成了一座陵墓。那里珍藏着为他而作的诗篇，历任皇帝颁发给他的诏书，雍正帝赏赐的一套《古今图书集成》（首次印刷于1728年），一个纪念他1730年担任两江总督的银杯以及他成亲时的画像，画上的他骑着高头大马、气宇轩昂。毋庸置疑，袁枚也去拜谒了他的陵墓。1739年，史贻直在北京第一次见到袁枚时，不禁惊呼："如此英年！"而现在，袁枚在诗中写道："知公泉下应怜我，如此英年也白头。"①

就在袁枚到达溧阳前几天，他的女儿刚诞下一子，他到溧阳很可能就是去看望自己的外孙。

袁枚继续他们的旅程，在天台山以北大约27公里，他们来到了一个叫作"斑竹村"的地方。袁枚写道：

> 游仙之梦，斑竹最佳。离天台五十里，四面高山乱滩，青楼二十余家，压山而建。中多女郎，簪山花，浣衣溪口，坐溪石上。与语，了无惊猜，亦不作态，楚楚可人；钗钏之色，耀入烟云，雅有仙意。霞裳悦蒋校书，为留一宿。次日，天未明，披衣而至，云："被四面滩声惊醒。"余赋诗云："茅屋背山起，山峰枕上看。饭香人弛担，梦醒客闻澜。花野得真意，竹多生暮寒。青溪蒋家妹，欢喜遇刘安。"②

上文提到的"青楼"通常指的是妓院，而这个村似乎出

---

① 出自袁枚《谒史文靖公墓》。
② 出自袁枚《随园诗话卷·十二》。

入比较自由,可能主要是有前往天台山圣地的朝圣者光顾。

在天台山,袁枚遇到了一位名叫李中的和尚,年逾七十,而其他所有僧侣则围坐成一圈,鞠躬致敬。他说自己来自南京,并讲述了许多关于袁枚在那里担任知府的故事。对此,袁枚写道:

> 居官四十年前事,岂料荒山老衲谈。
> 倘有些些谈不得,教侬此际若为堪。①

每当他来到一座寺庙,僧人们都会集体相迎。袁枚说道:"余游天台诸寺,僧多撞钟鼓,请余礼佛。"余不耐烦,书扇示之云:

> 逢僧我必揖,见佛我不拜。
> 拜佛佛无知,揖僧僧现在。②

他的朋友王文治(于1778年皈依佛教)看到他写的这首诗后说道:"你不喜佛,但在你所说的话中,我常常看到佛教思想的影子。"在天台山附近,他拜访了齐召南的兄弟。当时齐召南因文字狱受牵连,1768年病逝,如前文所述,齐家的庞大家产被没收,只剩下一块小土地,而他的兄弟就住在那里。他们请袁枚审阅齐召南的作品,删去不适当的内容并写

---

① 出自袁枚《履中上人年七十馀自言金陵人谈予作令事甚悉众僧膜手环听》。
② 出自袁枚《每至一寺群僧出迎必撞钟鼓请余礼佛余口号二十字书扇晓之》。

一篇序言。袁枚彻夜未眠为其题序，前文提到，正是因为一篇文章的序言（他堂兄作品的序言）让齐召南受牵连，袁枚此举无疑是勇敢的，因为他很有可能也会因此受到牵连。而且，无论袁枚审阅得多么仔细，只要朝廷有意，就能从齐召南的作品找出隐含反清意味的句子。这可能是最终于1797年出版的那部作品集。

前往温州的途中，他们住在虹桥倪家。倪家私塾先生张正宰前来攀谈，其亦诗人，著有《柿园诗草》《讯渡文集》，功名副贡，也算地方上很有身份的人，颇为倨傲，发现陌生客人并不逢迎属意他，便夸口其先父广东海康知县张元彪是名流，曾经与大名士袁子才、商宝意两先生交好。袁枚窃笑，故意问他："君曾见袁某乎？"张正宰曰："袁在，年将大耋，安可见耶？"袁枚告他："某在斯。"张正宰大窘，面红耳赤，惊定之后，慌忙下拜敬礼，后出诗集请袁枚论定。

身为诗人，袁枚和刘志鹏不能不去温州附近的永嘉，因为那里是著名诗人谢灵运（385—433）担任太守的地方。进入永嘉要经过一条河流，这条河非常狭窄，两岸房屋的屋檐几乎相连。这些屋檐非常低矮，人们进出都得低头，以免碰到，就像是人们进出某位大人物的宅邸大门时出于尊敬会低头一样，而实际上这些是非常简陋的住宅。谢灵运热爱登山，在永嘉的一块岩石上，有据说是谢灵运发明的登山鞋留下的钉痕；在悬崖边上有一块刻有古代文字的石碑，据说是谢灵运刻的。还有一幅他的肖像，他在画中看起来是如此灵感迸发，以至于"人们几乎能听到诗句从他的口中流出"。谢灵运有着特别漂亮的胡须,据说在433年即将被处决时,他将美髯剪下,布施给了南海祇洹寺,为寺中的维摩诘像作胡须。《太平广记》第七十九则记载,唐中宗安乐公主,五月斗百草,欲广其物色,令驿使骑马南下驰取,又恐余须为他人所得,因此剪弃其余,须遂绝。但据袁枚说,画像中的谢灵运,长须完好,他不可能把胡须捐出去,安乐公主更不可能将其偷去在游戏中作弊。

在温州,他们参加了一场婚礼。袁枚如此记录温州风俗:

> 新婚有坐筵之礼。余久闻其说。壬寅四月,到永嘉。次日,有王氏娶妇,余往观焉。新妇南面坐,旁设四席,珠翠照耀,分已嫁、未嫁为东西班。重门洞开,虽素不识面者,听人平视,了无嫌猜。心美其美,则直前劝酒。女亦答礼。饮毕,回敬来客。其时向西坐第三位者,貌最佳。余不能饮,不敢前。霞裳欣然揖而醑焉。女起立侠拜,饮毕,斟酒回敬霞裳;一时忘却,将酒自饮。傧相呼曰:"此敬客酒也尸女大惭,嫣然而笑,即手授霞裳。霞裳得沾美人余沥以为荣。大抵所延,皆乡城粲者,不美不请;请亦不肯来也。"太守郑公以为非礼,将出示禁之。余曰:"礼从宜,事从俗;此亦亡于礼者之礼也。"乃赋《竹枝词》六章,有句云:"不是月宫无界限,嫦娥原许万人看。"太守笑曰:"且留此陋俗,作先生诗料可也。"诗载集中。①

---

① 出自袁枚《随园诗话·卷十二》。

温州及其周边有一种非常特殊的方言。"温州虽多佳丽，而言语不通。有织藤盘者，甚明媚；彼此寒暄，了不通晓。"① 不过也难怪他们听不懂。举个例子，普通话中"盘"这个字读作"pan"，而温州话则为"bo"。对此，余戏赠云："安得巫山置重译，替郎通梦到阳台？"

雁宕观音洞最高敞，可容千人；石坡共三百七十七级，余贾勇登焉。相传，嘉靖二十年，按察使刘允升偕二女，成仙于此。塑像甚美。余低徊久之，下坡留恋，《口号》云：

> 垂老出仙洞，一步一踌躇。
> 自知去路有，断然来时无。②

袁刘二人向内陆前进，在温州西北方向大约 80 公里的处州③，袁枚写下了一首长诗，表达了他对那些在山谷间背负着他行走的健壮轿夫的同情：

> 舆夫负重行，上山复下谷。
> 历尽诸险艰，垂暮方息足。
> 我意获弛担，自当速睡熟。
> 谁知重张灯，彻夜作蒱博。
> 此阕彼复嗔，甲逃乙更逐。

---

① 出自袁枚《随园诗话·卷十二》。
② 出自袁枚《随园诗话·卷十二》。
③ 隋朝时设的州，今大部分属浙江丽水市。

所得几何钱，未足供饘粥。
胡乃大鸱张，抛撒如星落。
明朝重耸肩，勇气胜贲育。
至夜又复然，如有鬼捉缚。
毋乃枭与卢，竟是医劳药。
物性果不齐，熊鱼各有欲。
上智与下愚，不可常理度。
且勿忧人忧，姑且乐吾乐。①

诗中"枭与卢"是古代博戏樗蒲②的两种胜彩名。袁枚过处州时写道：

余过处州，想游仙都峰，以路远中止。出县城，到黄碧塘，将止宿矣；望前村瓦屋圣如，随缓步焉。与主人虞姓者，略通数语，即还寓；将弛衣眠，闻户外人声嗷嗷；询之，则虞氏见余名纸，兄弟六七人来问："先生可即袁太史耶？"曰："然。"乃手烛上下照，诧曰："我辈读《太史稿》，以为国初人。今年仅花甲，是古人复生矣，岂容遽去？愿作地主，陪游仙都。"于是少者解帐，长者卷席，诸奴肩行李，相与舁至其家。余留诗谢云：

---

① 出自袁枚《舆夫叹》。
② 樗蒲：读作 chū pú，是继六博戏之后，汉末盛行于古代的一种棋类游戏。博戏中用于掷采的投子最初是用樗木制成，故称樗蒲。又由于这种木制掷具系五枚一组，所以又叫五木之戏，或简称五木。

"我是渔郎无介绍,公然三夜宿桃源。"①

过兰溪时,或劝从彼处游武夷,不过十日,可到余因天暑急归。已而,颇凉心,颇悔之。

他们于五月二十七日回到了南京。
对于刘志鹏,袁枚写道:

诗文之道,全关天分。聪颖之人,一指便悟。霞裳初见余时,呈诗十余首。余不忍拂其意,尽粘壁上;渠亦色喜。遂同游天台,一路唱和,恰无一言及其前所呈诗也。往反两月,霞裳归家,急奔园中,取壁上诗,撕毁摧烧之,对余大笑。余亦戏作桓宣武语,曰:"可儿!可儿!"②

在他回来后不久,袁枚收到了老朋友沈荣昌(现已七十多岁)的来信。信中他劝诫袁枚,现已六十六岁高龄,不要继续"寻春",也就是说,不要沉迷于风流韵事。尽管沈荣昌自己已经超过了正常退休年龄,但他刚刚去了北京,希望谋得一个官位。袁枚写了首诗回复他:

有人不知老,图官入幽燕。
有人不知老,看花时时颠。

---

① 出自袁枚《随园诗话·卷十二》。
② 出自袁枚《随园诗话·卷十四》。

两人结习无短长，有如臧谷同亡羊。

甘虫食蔗苦食蓼，各乐其乐休相笑。①

这首诗的第一节是五言诗，第二节是七言诗。"有如臧谷同亡羊"引用自《庄子》第八章的一个典故《臧谷亡羊》："臧与谷二人，相与牧羊而俱亡其羊，问臧奚事，则挟筴读书，问谷奚事，则博塞以游。二人者，事业不同，其于亡羊均也。"

袁枚去天台山途中，拜访了许多朋友，其中就有诗人、画家童钰（1721—1782），即袁枚"素面未谋的友人"。童钰住在距杭州东南约70多公里外。他从未参加过科举考试，也没有担任过任何官职，而是全心投入到写作和绘画中。1756年，袁枚第一次读到童钰的诗作便对他非常钦佩。袁枚听说童钰也非常敬佩自己，并将他视为当代最伟大的诗人。袁枚写道："奈从未谋面。今春在扬州，特渡江见访。适余游天台，相左。嗣后，寄声欲秋间再来。余以将往扬州，故作札止之。旋为他事滞留。到扬时，则童已殁十日矣。闻其临终时，帘开门响，都道余之将至也。"童钰的儿子告诉袁枚："这对父亲来说是天大的喜事呀，知道您要来，他感到非常高兴。在他生病期间，每当有人敲门，他都会说，'我想那一定是袁先生来了'。在他去世的前一天，他说，'唯一的缺憾就是没能见到袁先生。'"在童家邀请下，袁枚参与了童钰的葬

---

① 出自袁枚《永之观察年逾七十需次京师书来戒我寻春赋此答之》。

礼，为他撰写了墓志铭，并为他的诗集写了一篇序言。弥留之际，童钰画了一枝梅花，打算送给袁枚，但还未完成便去世了。袁枚将这幅未完成的画带回南京，珍藏一生。

大约十五年后，章学诚断言，他认为像童钰这样性格内敛、生活有序的人，可能与袁枚不是同一路人，因此难以想象他们之间会有如此深厚的友谊。

1783年春，刘志鹏成亲了，为此他向袁枚借了一块锦缎床罩。一个月后，袁枚带着刘志鹏前去远足，目的地是位于南京西南约80公里外的黄山，在长江的对岸。此处"峰高且险，下临无底之溪，余立其巅，垂趾二分在外。僧惧怕，挽之。余笑谓：'坠亦无妨。'问：'何也？'曰：'溪无底，则人坠当亦无底，飘飘然知泊何所？纵有底，亦须许久方到，尽可须臾求活。'僧人笑。"①

黄山之旅中，他们的游览兴致总被山中云雾所扰，袁枚遂作诗曰：

> 山下看云乐，山上受云苦。
> 云气忽然来，万目一齐瞽。
> 不去为霖雨，徒来作浑敦。
> 黄山倘再上，先置扫云人。②

他们在六月初回到了南京，已经离开了将近两个月。幸

---

① 出自袁枚《游黄山记》。
② 出自袁枚《恼云》。

运的是，天气一直都挺凉爽。甚至半个月后他还写道："六月凉云二月同，今年不竟是南风。"但在诗的结尾写道："班姬纨扇休轻弃，只恐炎官事未终。"①

这年以一首诗结束：

> 自辞邑宰后，久不徒步行。
> 偶过桃叶渡，街头踏月明。
> 茶肆坐男子，大骇呼而起。
> 不料袁宰官，一老至斯矣。
> 我闻此语难为情，老不自觉他人惊。
> 不知当日作何状，惹他触目生惆怅。
> 于今又是廿年馀，此人再见惊何如。②

1784年二月中旬，他再次与刘志鹏同行，前往肇庆，拜访堂弟袁树，后者在那时已是该地的知府。

临走时，他写道：

> 临行无可系心肠，略有丁宁语数行。
> 墦祭教人还故里，归宁替女扫新房。
> 图书雨久勤搜蠹，兰草秋深早护霜。
> 一事思量终抱歉，未能亲课两儿郎。③

---

① 出自袁枚《六月二十日记寒作》。
② 出自袁枚《追忆前事伤老二首 其一》。
③ 出自袁枚《花朝后三日作岭南之游留别随园六首 其三》。

袁枚带了很多书和一乘设计别出心裁的轿子,还带上了孩子们列出的在广州要购买的物品清单。因为"懒得翻看日历挑选吉日",他只是在自己准备好的时候便启程了。当时正下着大雪,他想到自己已经六十八岁高龄了,还要进行如此漫长的旅行,不禁感到有些胆怯,直到他想起儿时听说曾祖父袁象春曾在八十岁高龄时去过广东,便不再害怕了。袁枚乘船沿长江而上,途中游览了许多名人墨客曾生活过的遗迹和历史名胜,并都写下了诗篇。在九江附近的柴桑,他看到了一块石头(陶公醉石),据说是陶渊明(逝于公元427年)醉酒时躺过的。袁枚写道:

先生容易醉,偶尔石上眠。
谁知一拳石,艳传千百年。
金床玉几世恒有,眠者一过人知否。
不如此石占柴桑,胜立穹碑万丈长。①

穿过鄱阳湖,他来到了南昌,剧作家蒋士铨当时正住在那里。曾有传言说他已离世或病入膏肓,但情况并没有那么糟糕。不过袁枚发现他确实中风了,右半身瘫痪,说话也不利索了。但他仍然可以用左手写字进行交流,头脑依旧非常清晰,一点都不糊涂。他和袁枚都很感谢湖上的逆风,因为这让他们推迟了几天出发,才得以见面,两人都意识到,这

---

① 出自袁枚《过柴桑乱峰中蹑梯而上观陶公醉石》。

很可能是他们最后一次见面。

四月中旬,他们到达肇庆。袁枚在当地与不少官员结交为友,纵游山水、寺庙,不知疲倦。但他在广东始终感到不太自在。他曾听闻广东歌女貌美,但现实是:

可笑珠娘负盛名,我来孤负看花情。
青唇吹火柴篷立,难近都如鬼手馨。①

在这里,不懂当地方言同样令人烦恼,广东方言与北方方言确实大为不同,可以说几乎是另一种语言。别人跟他说,广东的夏天不热,但起码在那年,此话不真。另外,肇庆还遭遇了大洪水。当时,袁树在广东任肇庆知府,府衙地处高地,并没有遭洪水侵袭。而当地百姓的房子都被淹了,他们带着所有贵重的家当到府衙避难。袁枚被困在府衙,留下来负责此事,他主张给百姓提供临时的庇护所。一开始他还担心弟妇会反对此事,但是她表示,无论好坏,都要守护好肇庆,与百姓命运与共,因为这是她丈夫管辖的地方。没过多久,官员们留在主屋,百姓们被安置在侧房,临时搭建的厨房不断冒出炊烟,在府衙各个角落升起。两周后,洪水退去,百姓们得以回家。

在广东,袁枚遇到了孙士毅(1720—1796),他最近出任广东巡抚。孙士毅仕途充满坎坷,但最终成了清末名臣。他

---

① 出自袁枚《端州纪事诗·其十一》。

也是一位诗人，与蒋士铨和赵翼是朋友，蒋士铨、赵翼与袁枚并称"乾嘉三大家"。接下来的十二年里，孙士毅仕途高升，平步青云，长年驻扎西藏和尼泊尔等地。一直以来他都很支持袁枚，是他坚定的朋友，即便在拉萨任务繁重也不忘给袁枚写诗，庆祝他八十大寿。

在前往广州西南约四十里的西樵山游览时，袁枚突发痢疾，被迫急忙返回肇庆。以往患痢疾，服用连翘便能好，但这次却使得病情加重。即便如此，他还是设法去了罗浮山，那里曾是众多隐士和炼金术士的藏身之地。刘志鹏可能陪同他一起前往罗浮山，但关于他的记载不多。这里有一个有趣的小故事：

> 余在粤东，有少艾袁师晋，见刘霞裳而悦之，誓同衾枕；忽为事阻，两人涕泗涟如。余赋诗咏之。不料事隔十载，偕严小秋秀才游广陵，遇计五官者，风貌儒雅，亦慕严不已；竟得交欢尽意焉。为严郎贫故，转有所赠。①

九月十六日，他们启程返回南京，计划在年底前抵达。他们乘船前往桂林，五十年前，袁枚曾在那里拜访了叔叔袁鸿，并得到巡抚金鉷的赏识得以上荐，正是这封推荐信开启了他的仕途。临近桂林时，袁枚又病倒了，但这一次，他决

---

① 出自袁枚《随园诗话补遗·卷九》。

心不再服用任何药物，以免像王维（415—443）那样过分谨慎，去哪儿都要随身携带一剂菖蒲。

袁枚在肇庆所作诗中，很少提及他与兄弟以及家人的关系。但有一首诗，写于前往桂林途中，诗中他写道自己梦回袁树家中，这首诗让我们第一次了解到他在晚香堂的生活：

> 半月与弟别，昨夜与弟见。
> 见弟在何方，泊舟阳朔县。
> 渐渐急滩平，欣欣梦魂善。
> 分明晚香堂，弟妇作华饯。
> 目疾虽未瘳，心情犹缱绻。
> 吴娃进肴烝，手自搴钗钿。
> 敦女巧言词，聪明堆满面。
> 阿端学走忙，跊跊两脚旋。
> 不复索我抱，知抱能几遍。
> 我亦伤离筵，且喜是家宴。
> 有酒姑缓斟，有羹或迟咽。
> 庶几七十翁，犹作须臾恋。
> 何图荒鸡鸣，顷刻欢场变。
> 骨肉渺云烟，孤灯明一线。
> 晓山更欺人，窗开如乱箭。①

---

① 出自袁枚《在阳朔寄香亭》。

此时,他记录了刘志鹏在旅途中作的一两首诗。其中一首是关于他们晚上下棋的:

> 饭后围棋例几回,私心不敢把窗开。
> 昨宵底事输先著,为有奇峰数朵来。①

接着又作诗一首,曰:

> 一双孔雀一猢狲,相伴船头共作群。
> 啼啸似知山水乐,居然清福与人分。②

诗中,刘志鹏称袁枚为"猢狲",因为汉语的"yuan(袁/猿)"就是"猴子"的意思。袁枚也喜欢说自己前世就是一只白猴,住在他家旁边的山上。诗中的"孔雀"很可能是袁枚给刘志鹏起的昵称,因为刘志鹏比较注重自己的外在形象。刘志鹏对自己的诗作没有信心,一直犹豫要不要印刷出版。回到南京后,袁枚说服他印刷一些诗作,条件是不能超过300首。孔子编订《诗经》时,收录其中的诗作也是300首。刘志鹏的作品集名为《两粤游草》,即"两广游记",该游记现在是否还存在,笔者无法得知。

返程途中,他们临时决定去九江看看,这原本不在计划之内。说到九江,人们就会想起白居易,他在815年被贬居

---

① 出自刘志鹏《舟中袁公子才·其二》。
② 出自刘志鹏《舟中袁公子才·其四》。

九江。袁枚说：

> 人们常说我诗风模仿白居易，但我不得不承认，直到今年（1784）我才真正仔细阅读他的作品。不过在返回之前，我借了《白氏长庆集》（白居易的诗集），在船上细读之后，才发现确实有一些相似之处，但这些并非我有意为之，这就好像阳虎长得像孔子。然而，我们之间的明显差异是：我并不嗜酒，也不信佛。

在桂林，他发现了一个繁盛的诗社，参加了他们的聚会，并与他们一起出游。离开桂林时，诗社的人租了一条船，陪他一路向广西边境进发。在爬衡山之前（或者说是被抬上衡山前），袁枚拜访衡山许县令并留宿在许县令家中。袁枚惊讶地发现县令家中有一个仆人也会写诗。袁枚写道："余游南岳，往谒衡山令许公。其仆人张彬者，沅江人，年二十许，见余名纸，大喜，奔告诸幕府，以得见随园叟为幸。既而许公招饮，命彬呈所作诗，有'湖边芳草合，山外子规啼''远岫碧云高不落，平湖萤火住还飞'之句，果青衣中一异人也。性无他嗜，酷好吟咏。主人赏婚费，乃不聘妻，而尽以买书。"①

在洞庭湖附近以及沿长江向汉口的沿线，有无数富有诗意的景点，但已有成千上万的诗人在此泼墨挥毫，因此作起

---

① 出自袁枚《随园诗话·卷六》。

诗来相当困难。幸运的是，12月他到了武昌附近的黄鹤楼，一般的诗人在这个月份都选择待在家中，因此"黄鹤楼看雪"便成为一个相对新鲜的主题，袁枚以此题赋诗一首①。这也是他三十年来第一次不在家中看雪。他开始厌倦在外漂游的生活了，诗中他希望黄鹤能带他回南京，以便自己能看到随园中第一朵盛开的梅花。

最后他们到了九江。在这里，让袁枚感动的是唐英与九江的联系，而并非有关白居易在九江的回忆。唐英（约1680—1760）于乾隆初年被调监九江关。袁枚称唐英为清朝最爱诗作之人，但"不四十年，风流顿尽"，袁枚还写道："唐公号蜗寄老人，司九江关，悬纸墨笔砚于琵琶亭，客过有题诗者，命关吏开列姓名以进。公读其诗，分高下，以酬赠之。建白太傅祠，肖己像于旁。甲辰冬，余过九江，则太傅祠改作戏台，唐公像亦不见。"② 将这座建筑改造成剧院是明智之举，因为除了许多其他活动之外，唐英还是一位多产的剧作家。

中国陶瓷收藏家对唐英十分熟悉，因为他曾在十八世纪上半叶任江西景德政窑务（景德镇在九江东南方向160公里外）。大多数关于中国陶瓷的书中都会有很多关于他的内容，

---

① 诗曰：卅年看雪俱在家，今年看雪天之涯。
达人行乐足向神仙夸，可奈想杀小仓山里千梅花。
长揖与仙约，借我黄仙鹤。
骑上鹤发翁，鹤翅休毿毿。
趁此高楼西北风，送我连夜还山中。
一天明月一枝笛，踏破琼瑶万万重。
② 出自袁枚《随园诗话·卷三》。

但是在这里，笔者只讨论其诗歌方面的成就。

他们从九江沿长江向下，到了彭泽，大约距九江96公里左右，一阵强烈的逆风阻止了他们的前进。由于现在已经是12月26日，显然他们要等到新年之后才能回家了。袁枚抱怨风的"势利"，遂作诗曰：

> 汝送大贵官，旌旗行称媲。
> 再送巨贾舳，百货拥簇簇。
> 冲浪不须臾，其飞如箭镞。
> 何独欺老人，有意相束缚。①

这次意外滞留反而让袁枚体会到了船中度岁的妙处，体现在此诗的后半段：

> 新春贺履端，车马尤仆遨。
> 门叠百红笺，耳烦千爆竹。
> 何如道路中，独享清净乐。
> 元旦不衣冠，舵工称万福。
> 代书利市符，高点桅竿烛。
> 不饮屠苏酒，虽老谁能觉。
> 小住彭泽村，渊明如有约。
> 登山寻梅看，添诗与人读。

---

① 摘自袁枚《腊月二十六日阻风彭泽谅岁内不能还家赋诗自遣》。

春王正月天，再唱归来曲。①

1785年正月十一日，袁枚回到随园。去年春天，他不在家时，几位随乾隆南巡的高官曾找过袁枚，发现他不在家，留下字条以表遗憾。但最令袁枚感到荣幸的是，和珅派人来到随园并将其画了下来。和珅是乾隆的御前侍卫，传说他在一个宫门值守时得到了乾隆皇帝的青睐，立即成为宠臣，平步青云，扶摇直上。随着年龄增长，乾隆觉得自己越来越力不从心，难以亲力亲为处理国事，这时，和珅便成了实际上主持国事的人。直到1799年乾隆驾崩，新帝嘉庆逼迫和珅自杀。我们所知的关于和珅一切或是来自他身边的阿谀奉承之人，或是最终导致他灭亡的敌人，这使得人们很难评估他到底是一个什么样的人。他身居高位，肯定比普通的小官要腐败得多，但不可否认的是，他确实才能出众。所有史料都认同他是一个美男子，和珅和他的弟弟和琳都是袁枚的忠实读者，后来袁枚与他们交换了许多诗作。

袁枚回到南京后，写道：

自觉山人胆足夸，行年七十走天涯。
公然一万三千里，听水听风笑到家。②

---

① 摘自袁枚《腊月二十六日阻风彭泽谅岁内不能还家赋诗自遣》。
② 出自袁枚《新正十一日还山·其一》。

紧接着写道：

> 香雪阶前扑面飞，喜从香里解征衣。
> 老妻指向诸姬笑，不为梅花尚不归。①

对于刘志鹏（孔雀），他写道：

> 一双孔雀艳归装，惹得倾城士女狂。
> 为要诱他开翠尾，丽人来往尽浓妆。②

最后：

> 重理残书喜不支，一言拟告世人知。
> 莫嫌海角天涯远，但肯摇鞭有到时。③

现在，袁枚不会再对任何作品进行评价，也不会咬文嚼字了，现在完全是为了乐趣而读书：

> 少年爱读书，硁硁守章句。
> 衰年爱读书，消遣领其趣。
> 虽然读辄忘，过眼皆吾有。

---

① 出自袁枚《新正十一日还山·其三》。
② 出自袁枚《新正十一日还山·其四》。
③ 出自袁枚《新正十一日还山·其六》。

> 书味在胸中，甘于饮陈酒。①

1785 年夏，他写道：

> 七十犹栽树，旁人莫笑痴。
> 古来虽有死，好在不先知。②

同年，抱经先生卢文弨③（1717—1795）来到南京的钟山书院主讲经义，此前他主要在北方讲学。他给予了袁枚帮助和支持，因为经常来借书，归还时会在上面做补充和修正。对此，袁枚写道：

> 他人借书借而已，君来借书我辄喜。
> 一书借去卜日归，缺者补全乱者理。
> 君言检书性所嗜，精比扬金细择米。
> 获一义胜真珠船，剖一疑如桶脱底。④

诗中"剖一疑如桶脱底"中蕴含一个典故：清了禅师（约卒于 1152 年）到厨房看弟子们煮面。忽然装满整锅面的

---

① 出自袁枚《遣怀杂诗·其十二》。
② 出自袁枚《栽树自嘲》。
③ 卢文弨（1717—1795），字绍弓，号矶渔，又号檠斋，晚更号弓父。"抱经"乃其堂名，人称曰"抱经先生"。乾隆十七年（1752）进士，官至翰林院侍读学士。抱经先生以读书为事，善于校书。
④ 摘自袁枚《检书图为卢抱经学士题》。

桶底脱掉了，使得整桶面全掉了出来。众人见状说："可惜许！"可是禅师说："桶底脱自合欢喜，因甚么却烦恼？既然桶底都掉了，桶中还有什么呢？什么都没有，就再也装不进去任何麻烦，岂不是乐得轻松吗！"

在《群书拾补》（校勘专著）的序言中，卢文弨提到黄登贤（约1709—1784）曾经对他说："大多数人读书获益的是自己，但你读书，书也受益。"卢文弨明白这句话中的讽刺意味，实际上是对他频繁校订的批评。袁枚对于他在书上做的笔记非常赞赏，想必这对卢文弨来说是一种欣慰。

1786年秋，袁枚和刘志鹏一同前往武夷山，武夷山也是一个著名的茶叶产地。在牛津字典里，"Bohea"（"武夷"的地方发音）的意思是"质量最差的黑茶"。但奇怪的是，在中国，武夷山茶是最负盛名的茶之一，显然袁枚也认同这一点，对此赞不绝口。他写道：

> 道人作色夸茶好，磁壶袖出弹丸小。
> 一杯啜尽一杯添，笑杀饮人如饮鸟。①

别人告诉他，"采之有时焙有诀，烹之有方饮有节。"最后，袁枚写道：

> 我震其名愈加意，细咽欲寻味外味。

---

① 出自袁枚《试茶》。

杯中已竭香未消,舌上徐尝甘果至。①

一天晚上,在前往武夷山的途中,他听到隔壁船上有人在讲奇闻异事。他邀请那个人来到自己的船上,讲故事的人发现有新的听众,非常高兴,于是开始口若悬河地讲起了鬼故事。不久后(正如召唤鬼魂时的那样),"灯笼开始发出蓝光,一阵寒风穿透了船舱窗户"。这些故事中的一部分可能会作为补充收录于《子不语》中。

刘志鹏尤爱山景,在这段旅程中,他带着自己新作的山水诗,跑到袁枚的轿子前给他看:

刘生行步辄止,家居则心不在焉;
其有所感,此番真入暮年矣。
物之所置,已忘之,不得不书之记之;
犹喜观山,然让他人攀之。
寝短,未尝过三更;
食欲亦衰,至多吃米一握。
总而言之,人至老年何感?
犹若春雪之末,烛于黎明。

返程途中,他们在杭州停留了一段时间,于年(1786)前回到了南京。

---

① 出自袁枚《试茶》。

第七章
《随园诗话》和《随园食单》

袁枚在1787年夏天的生活，可用以下两首诗概括：

人老惜分阴，一日如一岁。
但问一岁中，几度得心醉。
人生行乐耳，所乐亦分类。
但须及时行，各人自领会。
我生嗜好多，老至亦渐忘。
惟有两三事，依旧欢如常。
摊书傍水竹，随手摩圭璋。
名山扶一杖，好花进一觞。
谈文述甘苦，说鬼恣荒唐。
七十苟从心，踰矩亦何妨。①

---

① 出自袁枚《书所见·其一》。

他还写道：

> 我年十二三，爱书如爱命。
> 每过书肆中，两脚先立定。
> 苦无买书钱，梦中犹买归。
> 至今所摘记，多半儿时为。
> 宦成恣所欲，广购书盈屋。
> 老矣夜犹看，例秉一条烛。
> 两儿似我年，见书殊漠然。
> 此事非庭训，前生须夙缘。
> 名将不两代，文人无世家。
> 可怜袁伯业，对书空叹嗟。①

1788年，袁枚写信致谢毕沅，感谢他多年来出资印刷《随园诗话》。自十一世纪以来，就有数百本以"诗话"为题的书。这类书多讲逸事，风格并不正式，内容广泛，包括诗人的生平故事、自传片段、写作技巧、关于诗歌本质的思考等。《随园诗话》的典型格式是以逸事开篇，再由此引出一首诗。例如："敬亭与余同校甲子科乡试，闱中自诵其《过古墓》云：'古墓郁嵯峨，荒鸱立华表。当时会葬时，车马何扰扰！'余不觉其佳。王笑云：'君且闭目一想。'"②

袁枚对《随园诗话》这一标题的解释非常宽泛。有时他

---

① 出自袁枚《对书叹》。
② 出自袁枚《随园诗话·卷七》。

会讲逸事而不附诗,有时(尽管他常强调这本书并非诗集)只题诗而不讲逸事。一些篇章纯粹是学术性的(特别是卷十五),这似乎更适合收录在他的《随园随笔》中。书中偶尔提及一些古代诗人,但主要关注的是十八世纪的诗人。《随园诗话》中包含大量自传性质的内容,是我们了解袁枚生平细节的重要来源。在这里,笔者将提供一些选段,这些都是袁枚对诗歌普遍性问题的讨论,并不是针对特定的诗人或诗作。在某些情况下,正如我们所见,他引用了他人对诗歌的评价,并对此表示赞同。这些摘录与他直接表达自己观点的片段一样,同样有趣且相关。

但在讨论这些段落之前,需简要介绍一下十八世纪人们对诗歌评价中的主要争议,这将有助于理解《随园诗话》。简单来说,袁枚的立场是:文学有其独立的领域,不必一定将其作为道德教化的工具;人们不必严格地模仿古时某个公认大家的作品;也不必借用某个名家的遣词造句来给自己的作品增光。袁枚认为,文学,尤其是诗歌,首先是个人气质和情感的表达,在传统写作技巧的大框架下,诗人必须找到自己的方式来表达这种气质,从而自成一派。

但是,正统儒家思想认为"文以载道",这表明文学是道德教化的"载体",文学作品应当承载并传播道德和哲学的教义,否则就没有价值。在十三世纪,有人主张文学拥有其独立性,但这也只是少数人的观点。这些人在十六世纪末到十七世纪初确实存在一定的影响力,并一直延续到袁枚所处的时代。但是,作家、政治家或教育家并不普遍赞同这一观点。

与之并行的还有其他观点，这些观点虽然得以广泛接受并常常与"文以载道"一同出现，但它们在逻辑上与"文以载道"并无直接联系。例如，有一种观点认为，诗人写作必须模仿唐代诗（最好是八世纪，而非九世纪），不能模仿宋代诗。这就好比西方对于"好"拉丁文的概念，指的是西塞罗式的拉丁文。另一种观点是，诗人写作时借鉴古时大家的词句越多，其作品就会越好。正统、教条主义和复古主义学派的主要代表人物是沈德潜（1673—1769），在这里有必要介绍一下他。沈德潜智力超乎寻常，年幼即展示出诗才，10岁就开始教其他孩子。但他并不擅长考试，共参加科举考试18次，1739年才中进士，那时他已经66岁了。正是那时他在北京第一次见到袁枚。出于某种原因，乾隆帝对他青睐有加。此时大多数官员都在考虑退休，他发现自己突然得到了重用，被委任编撰许多官方文献。他自己编撰了一些文集，这些文集现今已非常闻名。我们主要关注的是他的《明诗别裁集》（1739）和《清诗别裁集》①（1759），后者是清代诗歌选集，只收录了已故诗人的遗作，因此其中没有收录袁枚的诗作。但是，也许是因为二人是朋友，其中收录了袁枚妹妹素文（袁机）的一些诗作。

沈德潜住在苏州，1761年前往京师庆贺皇太后七十寿诞。他带着新编纂的《别裁》前往，并恳请乾隆为其撰写序言。乾隆拒绝了他并给出了四个理由。笔者将在这里逐一列举，

---

① 原名《国朝诗别裁集》。

因为这揭示了十八世纪中国文选编纂者可能遇到的难题：

（一）文集中他收录了明代官员兼诗人钱谦益（1582—1664）的诗歌，钱谦益在1645年归顺大清，但后来据说在其著作中抨击了清朝。乾隆支持"文以载道"。他对文集中收录钱谦益诗一事说："何为诗？诗是作者对王权的忠诚与对父母孝顺之情的表达。没有体现出这些情感的诗，朕认为根本不能称其为诗……这也是沈德潜一直信奉的教条；然而，这本文集与他的原则完全相悖。"

（二）他收录了钱名世①的作品，钱名世（约1730）曾被判"名教罪人"。（实际上，钱名世之所以被害，或者是因为他对乾隆之父雍正继位的内情知道得太多，并质疑其帝位的正统性）

（三）他在文集中直接使用了一位皇叔的名字，而没有用其封号，实为僭越之举。

（四）尽管在文集中他将作者的名字按时间顺序排列，但实际上很多日期有误。

后来该文集交由翰林院的官员全面修订，乾隆写了序言后就直接印刷出版了。

在沈德潜恳请乾隆为《别裁》撰写序言之前，袁枚给他写了两封信（《答沈大宗伯论诗书》和《再与沈大宗伯书》）。显然，在袁枚写第二封信时，并未亲眼看过《别裁》，他只是

---

① 钱名世，字亮工，江苏武进人，有"江左才子"美称。康熙三十八年（1699）直隶乡试中举，康熙四十二年癸未科头甲第三名（探花），任翰林院编修、侍讲学士。

听说了里面的内容（可能是从沈德潜的副手中得来的消息）。在第一封信中，袁枚只是偶然提了一句《别裁》，主要还是批评沈德潜扬唐抑宋，尊唐贬宋。信中袁枚质问沈德潜：

> 先生许唐人之变汉、魏，而独不许宋人之变唐，惑也！先生不喜樊榭诗，而选则存之，所见过牧斋远矣。厉鹗对宋诗称赞有加，而钱谦益反对模仿古风。

对此，沈德潜可能会辩称，《别裁》中收录自己不喜欢、不同意对方观点的诗人的诗，这方才显示了自己在编撰诗集时的公平公正。他或许还会补充到，由于钱谦益不受乾隆待见，收录太多他的诗是不谨慎的做法。正如前文所述，事实证明收录钱谦益的诗不是明智之举。袁枚在第二封信开头写道：

> 闻《别裁》中独不选王次回诗，以为艳体不足垂教，仆又疑焉。夫《关雎》即艳诗也，以求淑女之故，至于展转反侧。使文王生于今遇先生，危矣哉！《易》曰"一阴一阳之谓道"，又曰"有夫妇然后有父子"，阴阳夫妇，艳诗之祖也。

袁枚强调，孔子在整理《诗经》时并未剔除艳诗。他认为，文集编纂者就跟历史学家一样，必须记录各种类型的诗，不然就是他的失职。即"艳诗宫体，自成诗家一格，孔子不删郑、卫之诗,而先生独删次回之诗,不亦过乎?"。艳诗中多使用花卉和其他隐喻,这就是艳诗中不恰当的地方。但这类作品很少被收录在诗人的全集中,更少出现在文集中。因此,袁枚的抱怨有些不合理。在我们看来,艳诗显得冷淡、做作和学究气。清朝唯一收录在作者诗全集中的艳诗是学者朱彝尊(1629—1709)于1669年所作的《风怀二百韵》,他在当时非常受人尊敬。为纪念自己的妻妹,朱彝尊作《风怀二百韵》,他对妻妹怀有深厚的感情。诗中蕴含各种典故、隐喻和修辞,其中一些典故非常的晦涩,他不得不在注释中加以解释。然而,这种以爱情为主题的诗已为大众所认可且熟悉,其写作方法亦是如此。现代作家房兆楹称这首诗为"直率的情感表露"。这种情况下,笔者不禁思考,奥维德①的同胞是否也可能以同样的眼光看待诗中的华丽辞藻。当袁枚在信中说到不应将艳诗从《别裁》中摘除时,他多次提到了朱彝尊的这首诗。

信末附言,袁枚继续说道:

> 沈归愚选《明诗别裁》,有刘永锡《行路难》一首云:"云漫漫兮白日寒,天荆地棘行路难。"批云:"只此数字,抵人千百。"予不觉大笑。"风萧萧兮白日寒",是《国策》语。"行路难"三字是题目。此人所作,只"天

---

① 普布留斯·奥维第乌斯·纳索,通称奥维德(公元前43—18),是奥古斯都时期第三个重要诗人。他出生于富裕的骑士家庭。早期作品内容轻佻,风格轻巧,反映了罗马奴隶主贵族和富有阶层糜烂淫逸的生活现实。

荆地棘"四字而已，以此为佳，全无意义。①

这两封信的语气都极为随意，沈德潜比袁枚年长四十三岁，中国历来有尊敬长辈的美德，袁枚却用同辈或平辈的语气写信给沈德潜，这属实有些出乎意料。但是他们二人同年参加会试，因此在这个角度上看，他们确实是同辈。在《随园诗话》中，袁枚提到沈德潜并未回复他的第二封信，这样一来，我们也无从得知他是否回复了第一封信。但即便如此，两人依旧交好。1763年，袁枚在苏州生病了，沈德潜前来探望，当时他年已九十，却依然滔滔不绝地跟袁枚聊天。一年后，沈德潜前往北京的途中或返回时，他同袁枚及另外三位友人相聚，画家吴省曾为他们创作了著名的群像画《随园雅集图》。

以下是《随园诗话》中关于诗歌讨论的几段摘录：

（一）人或问余以本朝诗谁为第一，余转问其人：《三百篇》以何首为第一？其人不能答。余晓之曰：诗如天生花卉，春兰秋菊，各有一时之秀，不容人为轩轾。音律风趣，能动人心目者，即为佳诗；无所为第一、第二也。②

---

① 出自袁枚《随园诗话·卷三》。
② 出自袁枚《随园诗话·卷三》。

（二）李玉洲①先生曰："凡多读书，为诗家最要事。所以必须胸有万卷者，欲其助我神气耳。其隶事、不隶事，作诗者不自知，读诗者亦不知，方可谓之真诗。若有心矜炫淹博，便落下乘。"②

（三）杨诚斋③曰："从来天分低拙之人，好谈格调，而不解风趣。何也？格调是空架子，有腔口易描；风趣专写性灵，非天才不办。"④

（四）浦柳愚⑤山长云："诗生于心，而成于手；然以心运手则可，以手代心则不可。今之描诗者，东拉西扯，左支右吾，都从故纸堆来，不从性情流出：是以手代心也。"⑥

（五）吴西林⑦处士云："诗以意为主人，以词为奴婢。若意少词多，便是主弱奴强，呼唤不动矣。"⑧

（六）戴喻让有句云："夜气压山低一尺。"妙在可解不可解之间。⑨

---

① 李重华，字实君，号玉洲，传统派批评家，1724年中进士。袁枚早年在北京就认识了他，并且是他所创立之诗社的成员。
② 出自袁枚《随园诗话》。
③ 杨万里（1124—1206），字廷秀，号诚斋，南宋著名诗人和批评家。袁枚多次将这段话归于他名下；但是，笔者认为这段话并没有出现在他现存的作品中。
④ 出自《随园诗话补遗·卷一》。
⑤ 浦铣是桂林一所学院的院长，于1874年与袁枚在桂林相识。
⑥ 出自袁枚《随园诗话补遗·卷四》。
⑦ 吴颖芳（1702—1781），字西林，自号树虚。幼赴童子试，为隶所呵，以为大辱，因一志读书，遂不复应举。家素封，吹笛等各一事，必尽欢乃去。
⑧ 出自袁枚《随园诗话补遗·卷四》。
⑨ 出自袁枚《随园诗话·卷十二》。实际上，在原文中这确实是一句非常出色的诗；戴喻让与袁枚同处一个年代。

(七)余于古人之诗,无所不爱,恰无偏嗜者。于今人之诗,亦无所不爱,恰于高文良公《味和堂集》、黄莘田先生《香草斋诗》①,有偏嗜焉。岂亦性之所近耶?②

(八)诗分唐、宋,至今人犹恪守。不知诗者,人之性情;唐、宋者,帝王之国号。人之性情,岂因国号而转移哉?③

从袁枚与沈德潜等人的信件以及上述摘录可以看出,在某些观点上,袁枚与19世纪初欧洲浪漫主义者有共同之处。如果他有机会读到司汤达(Stendhal)④在《拉辛与莎士比亚》中所言"浪漫主义是这样一种艺术:它向公众提供一种文学,这种文学考虑到公众当前的习惯和情感,旨在产生最

---

① 高其倬(1676—1738),字章之,号芙沼,又号种筠。黄任(1683—1768),字莘,又字莘田。二人均清代著名诗人,但为后世所遗忘。袁枚喜爱他们的作品,原因可能是在这些作品问世初,袁枚少时就读过。
② 出自袁枚《随园诗话·卷四》。
③ 出自袁枚《随园诗话·卷六》。
④ 司汤达(1783—1842),原名马里-亨利·贝尔(Marie-Henri Beyle),19世纪初法国批判现实主义小说家。原名亨利·贝尔,生于法国东南部一个城市,祖上有几代在本城法庭任法官,父亲是王家的律师,具有浓厚的保王思想。他从小就受巴黎大革命的影响,倾向自由与革命,因此父子之间感情很不融洽。司汤达17岁离开家庭,在拿破仑军队里当骑兵,不久升为军官,参加了意大利和莫斯科的战役。拿破仑帝国崩溃后,他从巴黎迁到意大利,在米兰侨居了七年,研究意大利的文学艺术,写出了《意大利绘画史》。后又在意大利住了六年,然后休假回国。1842年3月23日在大街上突然中风症,当晚即逝世。著有小说《红与黑》《巴马修道院》《意大利遗事》,文艺批评有《拉辛和莎士比亚》《意大利绘画史》。

大限度的愉悦。相反，古典主义的目标是再现那种曾给予我们祖辈最大快乐的文学类型"，袁枚肯定会认为自己是一个浪漫主义者。然而，与过去的传统决裂只是浪漫主义的一个方面。亚历山德罗·曼佐尼（Alessandro Manzoni）是意大利浪漫主义文学的先驱，他认为诗人的职责是"在读者的灵魂中培养正义和人道的理想"。因此，尽管曼佐尼自称是浪漫主义者，其实别人也是这么认为的，但他相信文学有其道德使命。看完这些，袁枚会立刻意识到，欧洲的情况与中国截然不同。在中国，几乎所有道德教化派也都是传统道德规范的捍卫者。如果袁枚发现道德主义者曼佐尼谴责"三一律"，以及悲剧情节必须发生在宫闱之内，他一定会感到非常惊讶。再者，他也不完全地认同司汤达"诗人写作是为了给他人带来尽可能大的快乐"这一观点。尽管袁枚渴望成为一名受人爱戴的作家，但他始终将诗人的职责定义为表达自己的性情、乐趣和爱好，而不是为了给他人带来"最大的快乐"。更不用说，那种后来与德国浪漫主义运动紧密相关的、极其强烈和动荡的情感状态，是袁枚从未期望诗人能够达到的境界，甚至他也未曾亲身经历过。

1788年，袁枚的好友孙士毅被派往安南（今越南）平息叛乱（即安南之役，又称清平安南之战、清越战争），他们四年前在广东相识。战初进展迅速，清军成功攻克了安南都城黎城（今越南河内），清朝廷在1788年农历十一月二十二日正式册封黎维祁为安南国王，使安南黎朝得以复国。袁枚为此还作了一首长诗,向孙士毅表达庆贺。然而,在乾隆五十四年(1789)正月初一,西山朝的阮惠发动突袭,清军大败,孙士毅撤退。但孙士毅并未因此受到重罚,反而在1790年被任命为两江总督,驻扎南京。这样一来,袁枚身边再次有了一个强大的朋友和后盾。

1784年袁枚在广东肇庆,与堂弟袁树同住,在那时他结识了彭羲。"君姓彭,讳羲,字竹林。云南大理府进士,选广东封川县知县,调香山(1849年,葡萄牙侵略香山县澳门地区作为殖民地)。其人秀羸多能,宾宾然一学子也。"他请袁枚收自己为学生。1789年秋,"忽一日,见访山中,帽曳孔雀翎,禩禩盛服而至。余惊问所由,方知立功海外,裁入觐归。"彭羲向袁枚讲述了自己的故事:

五十三年,海贼俏张,有号平波大王者,率众为寇。福敬斋公相总督广东,调水师营兵出海擒捕,饬香山令办军需,半年不获一盗。将弁无以自解,反造蜚语,诬君供张不周,器械朽钝。福公怒,召君入,厉声曰:"汝龌龊不任事,虽文官,我独不可以军法从事乎?"出诸武弁密揭示之。君神色不变,但申明香山小邑,所办粮饷,业费三万余金。所以久而无功者,缘武弁退缩不能军之故。公相默然,颜稍和。君知兵事不可以口舌争也,即奋曰:"羲愿解任,亲往擒贼。"公相莞然曰:"汝孱弱书生,果临阵,得不被贼靴尖踢倒乎?"曰:"羲非手打贼也,乞公相赏精兵二百,听鼐指挥,必有以报。"公相许之……行百余里,遇盗船二只,发炮击之,杀十余人。贼久不见官兵,突出不意,惊乃遁去。君知数日内贼必聚众来,乃入岛,约武弁一齐出洋。众武弁亦媚君之先得功也,唯唯听命。翼日,君见风顺雾消,开船出,果贼船八九只从上游来。初犹逡巡欲避,继见官兵少,乃持枪直犯。发炮击之,闭。君知贼以秽物相厌胜也,杀黑犬取血衅炮,炮果发。适大军亦至,击破贼船,贼尽落水。千百贼头,出没海面,如浮瓜然,反向官船号呼乞命。君命以铁钩拉起之,而以长绳汇缚之,累累然鱼贯者七百余人,解督辕请示。公相大悦,飞章入奏。奉旨彭鼐著赏五品顶带,送部引见,授湖南岳州府同知。福公奏留办善后事宜,仍补琼州同知。权知府事。①

彭鼐和袁枚在一起待了三天,离开前去北京时袁枚问他需要什么,他说只想要昆山徐乾学的《通志堂九经解》以及一些书,还有唐宋文集。他带着这些书便坐船前往北京。1792年,彭鼐去世,享年59岁。

刘志鹏落榜后表示要到北京看看能否谋得个一官半职。袁枚听到这个消息后感到忧虑,他写道:

闻君将欲赴长安,惹我连宵意不欢。

---

① 摘自袁枚《香山同知彭君小传》。

> 万里云程求取好，十年师弟别离难。
> 花无桃李春才老，座有琼枝雪不寒。
> 趁此斜阳红未了，牙琴多作几回弹。①

几个月后，一位名叫福公的清朝官员赴九江任职，九江距南京约322公里远，途中去拜访了袁枚。见到袁枚，唯独对袁枚的"天女散花图"情有独钟，看到他如此痴迷这幅画，袁枚即便心有不舍，也仍然将那幅画送给了他。除此之外，他还特别青睐刘志鹏，跟袁枚提出要带他去九江，担任自己的记室一职。九江虽不及北京遥远，但这一次，袁枚似乎真正接受自己要跟刘志鹏分别了。十年前的十月十八日，二人相识，十年后的同一天，刘志鹏与袁枚分别，踏上前往九江的旅程。袁枚说道：

> 似是安排天早定，不须惆怅为分离。②

在给福公的诗中，他幽默地说道：

> 九江此日朔风严，赖有长途乐事兼。
> 一个门生一天女，被公夺去太伤廉。③

---

① 出自袁枚《霞裳落第后有北行之志赋诗留之》。
② 出自袁枚《送霞裳之九江·其一》。
③ 出自袁枚《九江观察福公过访见天女散花图而乞之余虽赠犹怜赋诗送别适霞裳亦就渠书记之聘故有第三首·其三》。

刘志鹏前往九江前，他的妻子便去世了，年仅24岁。袁枚慷慨地送了他一块地让他安葬亡妻。除此之外，刘志鹏在九江的那些日子，袁枚会替他去给其妻扫墓。

一位相士曾给袁枚观相，说他会在62岁得子，75岁寿终。1790年末，袁枚再次患胃疾，久而不愈。这些情况似乎都预示着那相士所言不假，其果真于62岁得子，这次关于他死亡的预言也可能成真。因此，袁枚提前给自己写了一首挽诗以哀悼自己的死亡，并邀请朋友用他们喜欢的形式和韵律一同来创作，这首诗的结尾是：

> 或游天外天，目睹所未睹。
> 勿再入轮回，依旧诗人作。①

但并没有几个人回应袁枚的邀请。他们大多认为，要给一个活生生的人写挽诗是不吉利的。对此袁枚不得不写信催促他们，让他们不要把这件事看得过分严肃，他所希望的是他们读完这首诗之后，能会心一笑，后自斟自饮，再满上一杯。著名学者、教育家姚鼐（1731—1815）作了一首诗回应了袁枚的邀请。几年前二人偶遇，直到1790年，姚鼐到南京的钟山书院任教，二人关系变得愈加密切。在袁枚生命的最后八年里，他们时常相聚，袁枚去世后，姚鼐为他撰写了墓志铭。姚鼐凭借自己编写的教材向大众普及了传统儒家学说，

---

① 摘自袁枚《腹疾久而不愈作歌自挽邀好我者同作焉不拘体不限韵》。

而在近代以前，传统儒家学说一直主导着中国的教育观。姚鼐为人严肃认真，他知道袁枚抨击理学且轻视儒家礼制，但是他并没有因此忽视袁枚的才华和他坚定的价值理念。在袁枚看来，姚鼐以一种轻松的笔调来应对这一稍显沉重的话题。在诗中，姚鼐请求袁枚，至少在找到合适的接班人前要坚守岗位。

姚鼐非常注重自己的尊严，但袁枚并非如此，刘志鹏曾用一句话精辟地概括了二人之间的差异。袁枚在《随园诗话》中对此事写道：

> 郭频伽①秀才寄小照求诗，怜余衰老，代作二首来。教余书之。余欣然从命，并札谢云："使老人握管，必不能如此之佳。"渠又以此例求姚姬传先生。姚怒其无礼，掷还其图，移书嗔责。余道："此事与岳武穆破杨么归，送礼与韩、张、二王，一喜一嗔。人心不同，亦正相似。"刘霞裳曰："二先生皆是也：无姚公，人不知前辈之尊；无随园，人不知前辈之大。"②

郭麐长相异于常人，他有一条眉毛莹白如雪，格外引人注目。

1790年，袁枚的忠实好友孙士毅上任南京总督，彼时，

---

① 郭麐（1767—1831），字祥伯，号频伽，晚号复翁，江苏吴江人，后迁居浙江嘉善魏塘。中国清代词人。
② 出自袁枚《随园诗话补遗·卷七》。

南京的大臣都是诗人。袁枚在《随园诗话》中写道："南京之文采，当属此时最盛。"许多作家步入老年时期会觉得与读者脱节，但袁枚并没有这样的想法。相反，在这一时期，无论是作为诗人还是教师，他的需求比以往任何时候都要高。也正是在这时，袁枚门下女弟子的数量达到顶峰，这一做法在当时备受争议。反对这一做法的人认为，这违背了儒家传统男女授受不亲的规定，而且女性没有必要接受教育（即便是由母亲或亲姐妹教授），这一做法也不受欢迎。对于女性不应接受教育这一观点，袁枚的回应是（尽管不够令人信服）：《诗经》中许多诗都是由女性所作。袁枚支持女性接受教育，在他去世后，这一做法为他赢得更多声誉。二十世纪二十年代，他甚至被誉为捍卫女性权益的先驱。那时，他招收了13位女弟子，曾有人为她们画了一幅画像（《随园十三女弟子湖楼请业图》）。在他编纂的《随园女弟子诗选》中，收录了至少28位女弟子的作品。在这里笔者不会将她们的名字一一列出来，但会以金逸（字纤纤）为例进行说明。金逸体弱多病、哀婉动人、注定早逝，这样的形象会让人立刻想到《红楼梦》（1792年首次印刷）中的林黛玉。在笔者读到她的《寒夜待竹士不归，读〈红楼梦〉传奇有作》[①] 一诗之前就觉得她与林黛玉很相似了，在诗中她说这写的正是自己的情况。她非常欣赏袁枚的诗。袁枚说，纤纤在弥留之际（1794），对自己

---

① 《寒夜待竹士不归，读〈红楼梦〉传奇有作》：轻阴酿雪逼人寒，宛转香消玛瑙盘。待尔未来抛梦起，遣愁无计借书看。情惟一往深如许，魂不胜销死也难。弹尽泪珠犹道少，细思于我甚相干？

在读的书有些疑惑,原本想向自己请教,但已为时过晚。后来,袁枚离世前不久为她作了一首诗,写道:

> 我告女相如,老夫年已迈。
> 相别不多时,卿其善自爱。
> 好将所欲询,含笑九原待。①

1790年,乾隆皇帝迎来了他的八十岁寿辰,众多外国使臣纷纷来到京城参加他的寿礼,其中就包括朝鲜王朝官员、诗人朴齐家②。袁枚无意中得知"高丽国史臣朴齐家以重价购《小仓山房集》及刘霞裳诗,竟不可得,怏怏而去。"③ 刘志鹏的诗集可能是在南京印刷出版,加之他在诗坛并无多大名气,需求不高以致发行量十分有限,在京城找不到也是正常的。但是,朴齐家找不到袁枚的《小仓山房集》绝非此原因,情况恰恰相反,在那时,袁枚的作品在朝廷内外都广受欢迎,包括皇六子永瑢(1727—1805)在内的皇族都对袁枚的作品赞赏有加,袁枚还为永瑢的诗集作序。因此,更可能是因为作品太过抢手,导致一书难求。袁枚和朋友常常提起朴齐家求购自己作品的事情,这也侧面反映了袁枚作品的受欢迎程度。

在一首写给刘志鹏的诗中,袁枚回忆起1791年初他们在

---

① 摘自袁枚《后知己诗·其十一·纤纤女子金逸》。
② 朴齐家(박제가,1750—1805),朝鲜王朝后期思想家、文学家。字修其、次修、在先,号楚亭、苇杭道人,晚年号贞蕤,本贯密阳,生于汉城。
③ 出自袁枚《随园诗话补遗·卷四》。

九江分别的情景:

> 记得离筵烛影孤,两人倚枕听啼乌。
> 无端忽下伤心泪,洒向君衣乾也无。①

袁枚作了一系列诗用于沉思与回忆,其中有这样一首:

> 讳老人难对镜光,衰容欲避费商量。
> 宽心祇有灯前影,壁上从无两鬓霜。②

1792年初,袁枚再次前往天台山,同行的有张培(字香岩)和何兰庭。张培年约二十岁,活泼好动,颇有刘志鹏当年的风采。何兰庭幼时,其父曾许袁枚之女为其妻,后以路遥不果。袁枚对何兰庭说:"如果我有别的女儿,定嫁与你。"他时常想起十年前与之同游天台山的刘志鹏,他写信给刘志鹏说:"天台倘共刘郎去,定有桃花认得君。"③ 此行并非一帆风顺,一位僧侣告诉他一条捷径,但这条路在密林之中,然后他们在险峻的密林中迷失了方向。独轮车的辐条掉了出来,轿夫们筋疲力尽。袁枚写道:"我向天下人传达此言:切勿急躁。常规之路一切顺利,捷径却让人陷入困境。而那些指路者应当记住,一旦走错路,往往难以回头。"在前往南明

---

① 出自袁枚《寄霞裳》。
② 出自袁枚《遣兴·其十二》。
③ 出自袁枚《赠刘霞裳秀才约为天台之游·其六》。

寺的路上，他看到了非常新鲜、色泽红艳的樱桃，但奈何长得太高没法摘到。于是，76岁的他爬上了树，直接在树上摘樱桃吃，这样一看袁枚的确活力满满。然而，奇怪的是，就在这个时候，有谣言传他已经去世，他在苏州的朋友聚在一起，为袁枚举行了正式的葬礼。他们或许无法相信，算命先生的预言（前文提及）并未成真。

袁枚从天台山返回途经绍兴时，一位熟人预定了三套他的全集，每套定金五两银子。袁枚在《随园诗话》中如下记载：

> 余在山阴，徐小汀秀才交十五金买《全集》三部，余归如数寄之。未几，信来，说信面改"三"作"二"，有揾补痕，方知寄书人窃去一部矣。林远峰云："新建吴某夜被盗，七人明火执仗，捆缚事主，甚闹，最后有美少年，盛服而至，翻撷架上，见宋板《文选》《小仓山房诗集》各一部。"笑曰："此富儿能读随园先生文，颇不俗；可释之。手两书而去。"余按唐人载李涉遇盗一事，仿佛似之。至于窃书者，则又古人所无。方藕船明府云："高丽进士李承熏、孝廉李喜明、秀才洪大荣等，俱在都中购《随园集》，问余起居、年齿甚殷。嘻，余愧矣！"①

关于张培，《随园诗话》中有这样一个故事，为他增添了

---

① 出自袁枚《随园诗话补遗·卷六》。

几分光彩:

> 西泠①诗会,有女弟子某,国色也。香岩必欲见之,着家奴衣,随余轿步往。值其病,废然而返。后信来,招我谈诗,香岩喜,仍易服跟轿,冒大雨走五里许,值其家座上有识香岩者,香岩望见大惊奔还,衣服尽湿,身陷坎宫。乃赋诗自嘲云:"听说凌波有洛神,思量觌面唤真真。谁知两次成虚往,始信三王少凤因。红粉得知应笑我,青衣着尽不如人。襄王那有阳台梦,空惹巫山雨一身。"②

然而,张培代替刘志鹏作为忘年交陪在袁枚身边的时间并不长,因为1792年9月,刘志鹏再次回到南京,像半个主人一样待在随园。

1793年初,袁枚在长江下游离南京约80公里外的镇江,与他的女弟子骆绮兰待在一起,她年纪轻轻就成了寡妇,袁枚认为她非常有才华。1793年秋,袁枚回到南京,吴嵩梁(1766—1834)终于来拜访他了。这位来自江西的年轻人在绘画和诗歌领域都享有盛誉。大约二十岁的时候,吴嵩梁前往北京,引起了多位知名作家的注意。几年后,他已经拥有一批弟子。1792年,袁枚首次读到吴嵩梁的一首诗便被震撼到了。1793年春,袁枚收到王友亮(1742—1797)(字景南,

---

① 今杭州。
② 出自袁枚《随园诗话补遗·卷五》。

号蔚亭)的一封信,信中说他已经给吴嵩梁写了一封信,劝其南下拜访袁枚。吴嵩梁一路南下,很快就到了南京。对此袁枚说道:"余大喜,扫榻以待。又迟半年,始从扬州来,人果倜傥。"①《诗话·卷二》中的记述到此为止。吴嵩梁也写了一本《诗话》,在书中他说,有人暗示他应以弟子之礼待袁枚,这让他颇感尴尬,因为他本愿意视袁枚为师,袁枚却将他视作朋友。对此吴嵩梁作了一首诗,写道:"像袁枚这样伟大的人,一定毫不在意门外有多少个弟子在等待。我十分愿意把他当作自己的老师,但他把我当平常人一样对待反而让我感到尴尬。"以上种种都说明,袁枚对吴嵩梁赞赏有加,极为赏识,把他当作自己的朋友。但是吴嵩梁并不十分关注袁枚,因为在1797年,袁枚给他写了首诗,诗中抱怨吴嵩梁已经一年多没给他写信了。

如今很少有人听说过吴嵩梁。但在1794年,袁枚接触到另一位年轻诗人的时候,情况就不同了。《随园诗话·卷六》中写道:

> 余访京中诗人于洪稚存②。洪首荐四川张船山③太史,为遂宁相国之后,寄《二生歌》见示,余已爱而录

---

① 出自袁枚《随园诗话补遗·卷二》。
② 洪亮吉(1746—1809),原名洪莲,字君直、稚存,号北江,别号藕庄、梦殊、对岩、华封,晚号更生居士。江苏阳湖(今江苏常州)人,祖籍安徽歙县。清朝诗人、骈文家、大臣、经学家、文学家,毗陵七子之一。
③ 张问陶(1764—1814),字仲冶,一字柳门,其故乡四川遂宁城西有船山,因以为号。因善画猿,亦自号"蜀山老猿"。清四川潼川州遂宁县黑柏沟(今属遂宁市蓬溪县)人。清代诗人、诗论家、书画家。

之矣。追忆乾隆丙辰，荐鸿博入都，在赵横山①阁学处，见美少年张君名顾鉴②者，彼此订杵臼之交，疑与船山有瓜葛，寄信问之，不料即其尊人也。垂六十年，忽通芳讯，知故人官至太守，尚无恙，且有子不凡，为之狂喜。

与吴嵩梁不同，张问陶并没有被人遗忘。1798年，他写了一组诗（《庚申六月寄亥白兄成都》和《丁巳九月褒斜道中即事》），描述了白莲教叛乱期间普通百姓所遭受的苦难。像历史上其他此类起义一样，白莲教起义（持续了九年）具有宗教色彩，尤其是道教色彩，但实际上是对满清政权腐败和压迫的反抗。这些诗一直很受欢迎，即便是到了现在，也适合用于指导诗歌写作。

1793年夏，英国首任驻华大使乘坐虎号战列巡洋舰沿浙江海岸航行。起初人们以为他们是海盗，引起了极大的恐慌。但人们很快便意识到他们只是前往京城的外国使节，对他们的兴趣随之减弱。到了秋天，他们并没有选择海路返回，而是沿着大运河南下。返程时，人们对他们更加好奇，大运河两岸数公里内挤满了人。袁枚从未提及过这个使团，尽管已经知道他们得到了自己的全集。他肯定是知道此事，因为在

---

① 赵大鲸（1686—1749），字横山，别字学斋，浙江仁和（今杭州）人。雍正二年（1724）进士，官左副都御史。工书法。陈星斋尝论清朝书法，首推何焯，次则姜宸英、赵大鲸。卒年六十四。

② 张顾鉴（1721—1796），字镜千，号照斋，晚号耐舫。为大学士张鹏翮曾孙、大诗人张问陶之父。官至云南开化知府，勤政爱民，性格刚直，为官清正。著有《近花窗诗稿》《耐舫近稿》。

他80岁生日时,一个朋友为他所作的诗中就写到了此事。陶涣悦①写道:"您声名远扬海外,朝鲜、英国等国以高价购入您的全集。"另一位朋友,岳树仁②也说:"在京城有位来自英国的使节询问了你的近况。"

至于英国使团中是谁购买了袁枚的作品("使节"一词并不一定指马戛尔尼勋爵)、是谁建议他购买的以及这本书的取向等问题,显然有无数的猜测。值得注意的是,袁枚的朋友们认为有一件事能够证明他声名远扬、影响广泛,但袁枚本人对此似乎不太关注。

1794年初,袁枚收到了军中大帅的四封来信,他们正在西藏击退廓尔喀的入侵(廓尔喀之役)。其中一封信是孙士毅写的,他在这次战争中负责总理军需、粮饷。另外三封信是皇亲国戚、清朝重臣写的,袁枚都没见过他们,但这令他很开心。第一封信是福康安③写的,信中他写道:

> 余自束发时,即耳随园名,知为当代作者。而南北相暌,不得一见,心辄向往。甲辰春扈从金陵,思一访随园,适奉命他往,遂不果。今又将十年矣。向见《随园诗话》《新齐谐》二书,虽游戏之笔,而标新领异,已

---

① 陶涣悦(生卒年不详),字观文,号怡云,江苏上元(今南京)人。袁枚同年陶绍景孙,亦是袁枚诗弟子。嘉庆十二年(1807)举人,官至户部郎中。著有《自怡轩初稿》。《小仓山房文集·卷二十一》有《陶怡云诗序》。

② 岳树仁,字乐山,岳梦渊次子。

③ 福康安(1754—1796),本名傅康安,富察氏,字瑶林,号敬斋,满洲镶黄旗人。清朝中叶重臣、外戚。大学士傅恒第三子,清高宗孝贤纯皇后之侄。

远胜《沧浪》《虞初》① 诸书，携之行箧，把玩不置。兹来卫藏，军事之暇，适补山②相国、瑶圃③制军咸共朝夕，谈次时及随园。希斋大司空携有《小仓山房全集》，因得读之。才气浩瀚，茫无津涯，快为目所未睹。余于役万里，征讨绝域，出青海而眺碣石，登昆仑以睇星宿，复过卫藏以西数千里，历古未通中国之地，殊形诡状，不可臆度，惟随园之才庶几彷佛似之。窃以余髫年侍直禁廷，不及读中秘书。游历几遍天下，所过名山大川，竟未能著所闻见，形之咏歌。读随园之诗，乃不禁怦然动也。闻补山相国适有札覆，附寄四律，亦以见倾倒之有素尔。④

慧龄与和琳写的信内容都差不多，两人的信由同一个信使送来。不久之后，袁枚收到了皇帝的堂兄洪武（公元181）的一封信，洪武作为画家颇有名气，他寄了一本《诗话》给他，信中说他三四十年来一直渴望见到袁枚。这些皇亲国戚生活怪异，困于紫禁城内，一心想通过不合世俗的夸张唯美主义来证明他们并没有政治抱负。

1794年夏，浙江巡抚张朝缙给袁枚送了一面超级大的镜

---

① 《虞初新志》，明末清初中国文言短篇小说集。张潮编辑。张潮，字山来，新安人。除编《虞初新志》外，尚著有《幽梦影》《花鸟春秋》《补花底拾遗》等。小说以"虞初"命名，始见于班固《汉书·艺文志》所载《虞初周说》。清初张潮的《虞初新志》是收集明末清初人的文章，汇为一编，共20卷。

② 孙士毅。

③ 惠龄。

④ 出自福康安《寄赠随园先生序》。

子，镜子大到将它搬进随园都十分困难。袁枚在《谢镜诗》的前序中写道：

> 余有镜癖，家藏古铜、玻璃三十馀种，每一张灯，荧煌炫赫，自以为豪矣。今年浙江方伯张松园先生投其所嗜，以大洋镜相贻，如月到中天，群星尽避。

镜子有一种神奇的力量，能够映照出主人内心的活动。在《谢镜诗》中，他写道：

> 照到袁翁心胆上，感恩两字最分明。

多年后，他的孙子袁祖志写道：

> 春秋季，女客来访尤其频繁。当她们穿过花园，头上的花碰触着柳枝，为景致增添了新的美丽。随园里到处都是镜子，因为我祖父非常喜爱它们。女士们会趁机在镜子前审视自己，整理妆容。如果她们进入祖父的房间，那里放着巨大的镜子，她们总会仔细地在镜前打量自己，整理衣袖，提拉裙摆；她们甚至会进入内室，坐在那里，留下数日不散的香气。

从袁祖志的话中，我们可以得知那面大镜子有两米多宽。1794 年末，袁枚作了一首诗，叫《笔不老》：

> 赋诗如开花，开多花必少。
> 况我八旬人，神思久枯槁。
> 可奈索诗人，终朝犹别嬲。
> 明知未死蚕，抽丝终不了。
> 勉强与支吾，自惭真草草。
> 何图良朋来，公然齐道好。
> 吾斯之未信，姑且存其稿。
> 或者五体尽颓唐，只有一枝笔不老。①

1795年三月初二，袁枚庆祝了自己的八十大寿（按西方的计算方式，应该是七十九岁）。他收到了三千多首诗和贺信，他从中挑了大概200首，将它们印成了一个小册子，这些诗和信都来自清朝贵族、高官、将军、政治家、学者和诗人。除了乾隆之外，当时的名人几乎都在内。可能袁枚不想大张旗鼓地过寿，那天也是他儿子袁迟的婚礼，所以袁枚跟袁迟一同到宁波接新娘子。新娘子是袁枚老朋友沈宗昌的女儿，沈家是宁波最显赫的家族之一，但沈宗昌本人的为官生涯并不太顺利。新娘叫全宝②，沈鼎生在沈宗昌家借住，并且教会全宝写诗，但袁迟并不会写诗。对此袁枚写道：

> 阿迟与之同年，尚不能作一韵语。岂吾家诗事，将

---

① 出自袁枚《笔不老》。
② 全宝，即沈潞，字月舫，小名全宝，乃沈荣昌女儿。

来不传于儿,要传儿妇耶?①

在宁波附近,袁枚参观了高祖袁槐眉的祠堂,那里有几块石碑,碑上有他被选入翰林院和堂弟袁树中进士的记载。很显然这些石碑是族人送过来的,但在这之前袁枚并没有见过。在宁波,他还参观了中国史上最出名的私人藏书阁——天一阁,由范钦(1506—1558)于十六世纪中叶建造而成。1773年,范家的人将天一阁内所有珍稀书籍送到京城,将这些书手抄下来,作为庋藏《四库全书》的七座皇家藏书楼的模板。但是,当袁枚参观天一阁的时候,送到京城的那些原著并没有归还至天一阁。袁枚发现藏书的柜子在这里,但是里面的前朝旧椠秘抄都不见了。然而,范家的另一位成员仍收藏着大约一千封明朝时期的信件。袁枚还自认为幸运,可以在其中一封信的空白处写下两三行字。这封信是杨嗣昌②1641年因未能击败叛军张献忠自尽前所作。

1795年春,袁枚又去旅行了,这次旅行,奇丰额(1746—1806)慷慨解囊借给袁枚一艘船,并派了几个自己的侍从供袁枚差遣。在感谢信中,袁枚提到他在过去的八十年里从未受到过如此慷慨和善待。齐丰额是一位韩裔的"荣誉满人"。1796年,他因未能妥善调查皇宫织造局的账目伪造问题而陷入困境。他曾一度负责管理位于北京附近的圆明园宫殿,但

---

① 出自袁枚《随园诗话补遗·卷四》。
② 杨嗣昌(1588—1641),字文弱,一字子微,自号肥翁、肥居士,晚年号苦庵,湖广武陵(今湖南省常德市)人,明朝后期大臣、诗人。

后来被流放到土耳其斯坦。

1795 年夏,旅行归来后,袁枚作了一组诗《恶老八首》:

老人惯早起,如盘古开天。
独来又独往,四望无人烟。
欲盥水未温,欲饮茶未煎。
儿女门户闭,僮仆纵横眠。
岂不欲嗔喝,猛然记少年。
记得少年时,鼾声如雷颠。①

身欲往某处,必是有所谋。
及至行中路,业已忘因由。
偶呼奚僮来,意有所分付。
及其来至前,翻问来之故。
李崇或损腰,周仁时溺裤。
窥园奴急扶,登楼人尽怖。
事事受人怜,方知老可恶。②

昔吾少也贱,性却爱豪奢。
慕人衣裘美,美人膳饮嘉。
所思恒不遂,隐隐生叹嗟。
于今衣颇华,老丑不相称。

---

① 出自袁枚《恶老八首·其一》。
② 出自袁枚《恶老八首·其二》。

旨畜亦多珍，果腹能几顿。
　　我欲诉真宰，还我前景光。
　　宁可少时富，老来贫不妨。①

1795年十月十八日，袁枚再次病倒，他写道：

　　一病原非死，年衰易吃惊。
　　医巫招几辈，儿女坐三更。
　　老树风霜耐，閒云去住轻。
　　寒蝉双翅在，依旧作吟声。②

　　1795年冬，袁枚建议刘志鹏去扬州，拜访两淮盐运使曾燠（1760—1831）。曾燠是一位诗人，同时也资助文学创作。他与刘志鹏相处融洽，并为其谋了个小官职。1794年间，刘志鹏搬到了"南园"。南园位于苏州西南，那儿曾经有一座著名的私家园林。他可能需要一份活计来维系此处。

　　此时袁枚已经痊愈，他到南京户部尚书陈奉兹（音译）（1726—1799）家吃晚餐。面对如此美食美酒，袁枚喝得酩酊大醉，他很少会喝那么多酒。年末，他写道：

　　百物可决舍，惟书最难别。
　　欲重温一番，桑榆景太迫。

---

① 出自袁枚《恶老八首·其六》。
② 出自袁枚《病》。

翻经恐遗史，读子虑失集。

追思购买时，千金不顾直。

简断为搜全，编残替补缺。

精华多手抄，驱使当吏卒。

旦夕与绸缪，丹黄与甲乙。

几枝蜡烛光，几点心头血。

子孙未必知，蠹鱼或能说。

今朝大整理，吾生万事毕。

懒写纸三千，自惭年八十。

且喜书中人，九原尽罗列。

不久即相逢，何须更私觌。①

1796年，袁枚收到了老友朱珪②（1731—1806）的一封信，信中的内容让袁枚非常震惊。朱珪在信中提到，他偶然发现了一版袁枚后期的诗集，在这些作品中提到了刘志鹏的全名，而他正是在1782—1786年陪同袁枚出游。朱珪在信提到他"急令人将刘抹去！以便为贤者讳过。"袁枚在回信中问道：

出游是过失吗？还是说老师与学生出游是过失？那

---

① 出自袁枚《灯下理书不能终卷自伤老矣》。
② 朱珪（1731—1807），字石君，号南崖（一作南厓），晚号盘陀老人。与其兄朱筠，时称"二朱"。祖籍萧山（今浙江省杭州市萧山区），后随父侨居顺天府大兴县（今北京市），遂入籍顺天。清朝乾隆、嘉庆时期重臣、学者。

孔子和弟子樊迟出游求雨坛呢？或者认为老人和年轻人出游是错的，那孔子为何不与稳重的同龄人出游，而是和"新戴冠的少年"一同出游呢？还是你对刘志鹏有个人偏见？你远在六千里之外，从未见过他，也未听过他说话，甚至连他住在哪里，从事什么都不知道，然而你却对他如此反感，以至于将他的名字画掉……如果人们听到这件事，一定会认为刘志鹏是犯下了什么可怕的罪行，以至于任何正直的君子都无法允许他的名字出现在我的书中。你认为他是什么人？让我告诉你，他是伟大的刘宗周的后代，对父母和朋友行为得体，散文和诗歌造诣高深。他确实长相俊美，可能是他出生时没有和老天商量，让他生得丑陋些，这可能是他的一大过错。没有这样做，无疑给他带来了许多批评。但看来，这种事情掌握在女娲手中，她随心所欲地塑造泥人，并没有过问刘志鹏。我在随园还有五六个弟子，他们也非常英俊。如果他们听到这件事，都会想自己是否也处于危险之中。

1796年，朱珪担任兵部尚书，并兼任两广总督，其官署设在广东。很可能正是在这里，他听到了关于刘志鹏于1784年在广东的种种传闻，例如前文提到的"两雄相悦"的事情。

这一年，袁枚大部分时间都在扬州和苏州。他惊奇地发现，自己年老之后，视力竟然有所改善，不再需要佩戴眼镜了，他写道：

是谁替我换双睛，瑷瑰捐除眼忽清。
与汝竟成垂老别，叨光已领卅年情。
水因春暮冰方解，月到更深魄倍明。
从此鼻端兼耳畔，永无牵挂累馀生。①

尽管不需要戴眼镜了，此时的他却夜不能寐：

老去神衰夜不眠，更筹数尽五更天。
乞谁送入华胥国，一梦强于活一年。②

诗中的"更筹"指的是水钟。袁枚在另一首诗里写了"鳏鱼"：

老来最怕夜如年，不是鳏鱼也不眠。
苦望天明如望榜，一声鸣炮便欣然。③

尽管如此，袁枚依旧非常活跃。在这一年（1796），他收了五位女弟子，并且在年末完成了自己的烹饪著作——《随园食单》。不过，1796 年之前，《随园食单》就已经以手抄本的形式在流传，而那时袁枚还没写完这本书。多年来他有一个习惯，就是每当他在朋友家品尝到特别喜爱的菜时，都会

---

① 出自袁枚《余五十岁用眼镜今八十矣偶尔去之转觉清朗作别眼镜诗》。
② 出自袁枚《不寐有感·其一》。
③ 出自袁枚《不寐》。

让自己的厨师去学习制作这道菜的方法。写《随园食单》主要是为了系统地整理收集到的食谱，并且写上几页总体介绍。在书的开头，他写的注意事项显然有些多余，因为并不需要一位大诗人来告诉我们，厨师必须保持双手清洁，不能让灰烬掉进食物，或者食材必须新鲜、样态良好。在读《随园食单》时，人们会想到某个节目的主持人说的：培根变绿可就不好吃了。

西方人对袁枚的了解通常与《随园食单》有关，这主要是因为翟理思教授在《中国文学史》和其他地方翻译了《随园食单》中的一些段落。1924年，一位化名为"Panking"的作家将其翻译成了法语。以下是书中的一些摘录：

（一）极名厨之心力，一日之中，所作好菜不过四五味耳，尚难拿准，况拉杂横陈乎？就使帮助多人，亦各有意见，全无纪律，愈多愈坏。余尝过一商家，上菜三撤席，点心十六道，共算食品将至四十余种。主人自觉欣欣得意，而我散席还家，仍煮粥充饥。可想见其席之丰而不洁矣。南朝孔琳之曰："今人好用多品，适口之外，皆为悦目之资。"余以为肴馔横陈，熏蒸腥秽，口亦无可悦也。

（二）余尝谓鸡、猪、鱼、鸭豪杰之士也，各有本味，自成一家；海参、燕窝庸陋之人也，全无性情，寄人篱下。尝见某太守宴客，大碗如缸，白煮燕窝四两，丝毫无味，人争夸之。余笑曰："我辈来吃燕窝，非来贩燕窝也。"可贩不可吃，虽多奚为？若徒夸体面，不如碗中竟放明珠百粒，则价值万金矣。其如吃不得何？戒目食何谓目食？目食者，贪多之谓也。今人慕"食前方丈"之名，多盘叠碗，是以目食，非口食也。不知名手写字，多则必有败笔；名人作诗，烦则必有累句。

（三）长安有甚好请客，而菜不佳者，一客问曰："我与君算相好乎？"主人曰："相好！"客跽而请曰："果然相好，我有所求，必允许而后起。"主人惊问："何求？"曰："此后君家宴客，求免见招。"合坐为之大笑。

（四）杨中丞西洋饼

用鸡蛋清和飞面作稠水，放碗中。打铜夹剪一把，头上作饼形，如蝶大，上下两面，铜合缝处不到一分。生烈火烘铜夹，撩稠水，一糊一夹一熯，顷刻成饼。白如雪，明如绵纸，微加冰糖、松仁屑子。

（五）溧阳乌饭酒

余素不饮。丙戌年，在溧水叶北部家，饮乌饭酒至十六杯，傍人大骇，来相劝止。而余犹颓然，未忍释手。其色黑，其味甘鲜，口不能言其妙。据云溧水风俗：生一女，必造酒一坛，以青精饭为之。俟嫁此女，才饮此酒。以故极早亦须十五六年。打瓮时只剩半坛，质能胶口，香闻室外。

（1797年夏末，《随园食单》已经印刷完成。）

1797年初，袁枚旧病复发，非常严重，原因是医生误投参耆。一个月后,一位朋友推荐他服用硫黄,袁枚的家人对此感到惊骇,因为硫黄药性猛烈,极为危险。然而,服用了三剂硫黄后,误服参耆带来的不良影响竟奇迹般消失了。同时另一位朋友写信劝他不要再服用任何药物。

在如此虚弱的状态下,他发现最舒服的事情就是读自己的诗:

> 病中何事最相宜,惟有摊书力尚支。
> 悦耳偶听窗外鸟,赏心只看自家诗。
> 一生陈迹重重在,万里游踪处处追。
> 吟罢六千三百首,恍如春梦有回时。①

中国人和西方人一样,相信木星相位的人通常具有乐观、健康的特质。袁枚的一位弟子(李宪乔)甚至提出,袁枚就是木星之灵,只是暂居在地球上,成了"喜剧英雄"。在人生的最后阶段,虽然病痛缠身,他的笑声仍然回荡在屋子里,他写道:

> 东风又送好韶华,柳渐青青草渐芽。
> 照水莫惊双鬓雪,几人能看四朝花。
> 光阴一寸皆为福,乐事三春未有涯。
> 客到只从篱外听,笑声多处是吾家。②

---

① 出自袁枚《病中不能看书惟读小仓山房诗集而已》。
② 出自袁枚《东风》。

但这并不意味着他一直很快乐：

> 人生将辞世，先从反常起。
> 饮者或停杯，游者懒举趾。
> 我性爱宾客，见辄谈娓娓。
> 自从一病馀，闻声辄掩耳。
> 甚至妻孥来，挥手亦不理。
> 自知大不祥，老身殆休矣。
> 谁知理旧书，欣欣色尚喜。
> 偶作病中诗，高歌夜不止。
> 推敲字句间，从首直到尾。
> 要教百句活，不许一字死。
> 或者结习存，馀生尚有几。①

诗中的"推敲字句间"蕴含一个典故，来自唐朝诗人贾岛，在这里袁枚用得非常贴切。《唐遗史》载：

> 一日，贾岛访隐士李凝归来，得一联句："鸟宿池边树，僧推（敲）月下门。"

他对诗中用"推"字还是用"敲"字，炼之未定，并不时作出"推"与"敲"的手势，入迷忘我。

---

① 出自袁枚《答东浦方伯信来问病》。

这个夏天却异常地有点凉爽,袁枚作诗曰:

分明荷叶满池浮,节过端阳冷似秋。
天要袁翁作衰样,今年六月尚披裘。①

刘志鹏给袁枚写了一封信,还附带了一份药方,信中刘志鹏询问袁枚的身体状况。这次的来信是我们最后一次听说他的消息了。此时的他不再像年轻时那么风流倜傥,已是一位中年的低级官员(大概37岁)。袁枚朋友的诗集中有收录刘志鹏的诗,从那些诗中可以看出他现在沉稳了许多。

今年有一个"闰六月",笔者之前对此解释过,为了保持阳历和阴历的一致,会额外增加一个月份。闰六月的十五日,袁枚写了一份遗嘱(《随园老人遗嘱》)。这份遗嘱的内容包括在他生前要把自己的大部分财产转给侄子阿童和儿子袁迟,以及遗嘱执行的具体细节。在遗嘱开头,他简要概括了自己的一生,说明了如何从一无所有,到现在能留下超过三万两白银。他说道:

因之总算田产及生息银,几及三万,非我初心所望,亦汝二人修来之福也。

---

① 出自袁枚《六月披裘》。

之后谈到了自己的画作和珍藏品：

> 吾身后汝二人，能洒扫光鲜，照旧庋置，使宾客来者见依然如我尚存，如此撑持三十年，我在九原亦可瞑目。此后付之悠悠，不但我不能知，即汝等亦未必知，达人见解所不必再计者也。

事实上，随园和里面的珍品一直都保持得相当完好，1853年却毁于太平天国运动。他继续说道：

> 随园《文集》《外集》《诗集》，及《尺牍》《诗话》时文三妹诗《同人集》《子不语》《随园食单》等版，好生收藏，公刷公卖。
>
> 各省讣闻，汝等酌量分讣，宁缺毋滥。凡关涉贵人大位者，用淡红纸小字写讣，不可用素纸；其馀平行用小古简最雅，用大纸便市井气。南京恶习，以负贩商贾公然发帖请长者、贵人陪吊，汝二人万勿为之。
>
> 只择我生平相好三四人，开吊两日足矣。既有吴太史所撰本传，不必再用行述，来吊者各送一本……
>
> 葬费可照我葬汝祖父母之旧簿，兄弟公摊，五十金可办，我不敢厚过先人也。但题一碣云"清故袁随先生之墓"，千秋万世必有知我者。

但事实上，袁枚的墓志铭是姚鼐写的，他简要地介绍了袁枚的生平。袁枚继续写道：

> 更有切嘱者：阿通性躁，躁则虎头蛇尾，作事难成；阿迟性狷，狷则踽踽凉凉，无人帮助。二人须自知其短，亦古人佩韦佩弦之义也……
>
> 至于诵经、念忏、做七、营斋，我生平所最厌者。汝可告诸姊妹：来祭我一场，我必享受；哭我一场，我必悲感。倘和尚到门，木鱼一响，我之魂灵必掩耳而逃矣，于汝安乎？

安排好财产的处置后，遗嘱后还有一份附录，他说：

> 此外尚有馀银留作身后遗念者，家中女儿子侄、门外故旧门生、邻佑家奴、总甲二排，另有清单交付。薄乎云尔，聊表此心。惭愧，惭愧！再，我一生著述，都已开雕；尚有《随园随笔》三十卷，正想付梓，而大病忽来，因而中止。他日汝二人行有馀力，分任刻之，定价发坊，兼可获利。[①]

立完这份遗嘱后，他去了扬州看医生。起初，他的病情似乎有些许好转：

---

① 摘自袁枚《随园老人遗嘱》。

> 但恐老妻念，急挥信数行。
> 欲其大欢喜，未免小夸张。①

但到了九月二十日，病情又加重了：

> 一病经年矣，周流总不除。
> 升沉似飞鸟，来往类游鱼。
> 未泊先催棹，将行又卸车。
> 小儿真造化，戏我欲何如。②

袁枚于农历十一月十七日辞世；按照西方日历，即1798年1月3日。

笔者在写这本书时，大量引用了袁枚的散文和诗作，这些几乎可以构成一部选集。但这当然远非所谓的"批判性传记"，更不是所谓的"生平与时代"。实际上，在袁枚的职业生涯中，除了少数几年外，他完全不涉政事，因此讨论他与这些事件的联系是没有意义的。唯一与他密切相关的是文字狱，对此笔者也花了大篇幅进行描述。在许多方面，他的观点代表了他所处的时代。他对禁欲主义的反感，对许多所谓古籍的质疑，对程朱理学形而上学的厌恶，以及认为女性有权接受教育的观点，都是当时特有的思想。极端保守的沈德潜虽与袁枚在许多观点上存在分歧，也接收了女弟子，这表

---

① 出自袁枚《病起口号》。
② 出自袁枚《九月二十夜疾又作》。

明他也认可女性接受教育。除了很有才情之外，袁枚在另一个方面也是独一无二的，那就是他坚持出版其他作者所藏掖的作品，尽管他的朋友都劝他不要这样做。很多人认为，出版幽默诗歌是滑稽的，出版关于妾室、伶人的作品是不体面的。但是在袁枚看来，诗人的职责就是保持真实（存赤忱），展现万事万物最真实的一面，当然这也包括诗人自己。另外，他还对自己喜爱之人心怀赤诚。难道仅仅因为世人认为刘志鹏不体面，就要隐瞒刘陪伴左右带给他的巨大快乐，并随他一起游历的事实吗？难道给一大群泛泛之交写墓志铭，而不给为他奉献了二十四年的妾室方聪娘写一篇，就是符合人性吗？然而，正是这些作品让他遭到了尖锐的抨击，当然也还有其他原因。隐瞒他生活中的某些方面可能会给人一种暗示，认为他对此感到羞耻，而他并没有。他坚定地遵循着一套自成一体的原则，尽管这些原则可能与其他哲学体系一样，被他用来为自己的行为辩护，但对他来说，它们是正义和值得尊敬的。最后，他无疑拥有一种调皮甚至"无礼"的特质，让他人震惊，而他乐在其中。

当深入探讨袁枚在文学上的造诣及其作品的真正价值时，笔者发现自己正面临一个复杂而微妙的话题。依笔者所见，文学的真正价值，并非仅由内容或形式决定，而在于二者之间的交织与融合。为了剖析这种内在联系，引用原文自然是不可或缺的，然而在此却无法实现。因此，不必探讨袁枚的作品与翻译后的表现形式之间的联系。

尽管笔者的翻译并非尽善尽美，但也确实启迪了许多的读者，让他们意识到，出于对诗的喜爱，学习中文是值得的。笔者希望这本书也能达到同样的目的，特别是希望能够消除一种错误的观念，那就是优秀的中国古诗只存在于遥远的过去。即便是现在，人们也依然可以学习中文，品读古诗，感受诗中的无穷魅力。

附录一
1743年安森与广东当局的"交锋"

1743年,由乔治·安森(George Anson)男爵指挥的"百夫长"号战列舰(H. M. S. *Centurion*)俘获了一艘远超过自身体积的西班牙大帆船,随后将其拖至虎门。在那里,安森想要修理"百夫长"号并补给物资。然而,中国当局连续数周以各种方式阻挠他。安森推测,他们可能已向京城请示,正在拖延时间等待回信。最终(英国人是这样认为的),安森及部分船员在广州协助救火时所展现的勇气和效率,给中国人留下了深刻印象,他们突然决定允许安森购买补给,修理船只,并让其顺利启程返回英国。在此之前,安森先将几百名西班牙战俘(中国在英西战争中保持中立)交给了中国,希望他们能将这些战俘送回菲律宾。以下是袁枚的记述:

乾隆八年(1743),红毛国(即英国)攻占吕宋,俘虏了约五百人,随后带着这些人前往虎门,在广东引起了极大的恐慌,总督召见了布政使托庸,对他说:"当外邦之间发生战争，将战火引到我们的边境上时，我们是任其自流还是将其消灭？哪种做法更有利于我们的国家利益？"托庸回答说："我们应该让他们将五百名俘虏以'进贡'的名义交出，并请求总督根据自己的意愿处置他们。"总督苦笑着："你这不过是开玩笑罢了。""红毛人虽是蛮夷，但他们不是傻子。你怎么能认为，在他们长途跋涉，取得胜利后，会甘愿受人摆布？你提出了这个建议，但你真的能实现吗？""如果我不确定是否可行，我也不敢提出这个建议。"总督说："如果你知道要怎么做的话，告诉我你需要什么。"托庸说："我需要的不多，只请求您将印知府（印光任）和杨将军置于我的指挥下，六天后我回来报告。知府才智过人，而将军身材魁梧，胡须浓密，正是典型的军人形象。"

总督同意了，托庸随后召见印知府，对他说："你去告诉红毛人，要他们提交一份奏章，承诺将五百名俘虏以'进贡'的名义交给总督，由总督随意处置。"知府起初与总督一样，有些惊讶，并不同意这样做。托庸答道："你且仔细想想，这些红毛人为了攻打吕宋，必须跨越数千里的海洋。可以肯定的是，他们现在已经弹尽粮绝，并且遭遇了风暴，其船只肯定需要修理，否则无法踏上归途……"知府完全被他说服了，与杨将军一同前往狮子洋码头，将军和他的人驻扎在那里，而知府则去了粮商的店铺，私下指示他们停止供应粮食。当红毛人来询问发生了什么时，知府对他们说："我们中国人担心有奸商引诱你们浪费钱财购买不必要的东西，所以在这里保护你们。"红毛人有些困惑地离开。很快，人们注意到他们厨房的炊烟越来越少，不久，他们的指挥官（即安森海军上将）前来询问能否与知府交谈。当他坐下还没来得及开口，尹知府就开始斥责他："长期以来，我们有一条严格的规定，将虎门视为中国的边界。但如今，你们与另一个国家发生冲突，没有迅速通过虎门，反而在那里炫耀武力。这是公然的反叛。我们的总督性情暴躁，十分好战。因此，我们不愿向他报告你们的罪行，而是选择在这里设立守卫，让你们挨饿，再告知总督。"

听到这些，安森陷入绝望。他瞥了一眼将军，但将军以手势示意他保持沉默，愤怒地瞪着他。安森比之前更加害怕，扑倒在地，说："确实，我们已经走投无路。但我们无意冒犯你们，我恳求你们宽恕我们，告诉我们应该怎么做。"此时，知府表示，如果以俘虏为贡品，情况会有所不同。安森哭着说："如果事情能以这种方式解决，我将视之为天赐恩典。我请求您告知总督，我同意。"知府说："我不能那样做，我只是通知巡抚，他可能会将你的话转告总督。但这些消息必须层层上报，往往需要一些时日。此外，如果你在关键时刻未能履行承诺，我们将会陷入困境。"

安森回答道："不！我不能那样做。如果是我自己，红毛人，向总督提交奏章，请求以这种方式提供粮食，会怎么样？"之后，知府假装极不情愿地让他试一下。最终，安森带着他的弩弓，背上箭袋，双手触地，匍匐至总督的面前。他呈上一份奏章，表示愿意将五百名俘虏作为贡品，请求总督根据自己的意愿处置。总督非常高兴，将俘虏送回吕宋，赏赐红毛人一些物品，并允许他们返回自己的国家。

安森向海军部（《伦敦公报》，6月16日）报告的内容如下："印知府对我极为礼貌友善，并答应了我所有的请求！"

袁枚将此事作为一件逸事记述，并非严谨的史实，为的是展现托庸的机智。袁枚也按照自己的想法对这件事进行润色加工，比如安森不可能会鞠躬。但是他纠正了英方记载中的两个错误：首先，关于总督策凌的行为，英国人认为他是在等待朝廷的指令，而实际上，策凌的目的是向安森施加压力，迫使他交出俘虏。其次，他们同意安森离开，并不是因为他英勇救火，而是因为他同意交出俘虏。

当然，安森并没有意识到，将俘虏作为"贡品"交出，实际上是在承认中国对英国的宗主权。从中方的角度来看，这是毋庸置疑的。除了古代历史的例子，"贡品"（贡）这个词本身就蕴含了这一含义，它意味着下级向上级进贡的礼物。总督认为安森知晓交出战俘意味着什么，除非在极大的压力下，否则他不会轻易放弃俘虏。但事实是，"安森渴望摆脱这些西班牙俘虏，因为俘虏对他来说是一个巨大的负担。"这是典型的外交捉迷藏。

袁枚的记述之所以有价值，在于它凸显了中国人眼中安森交出西班牙俘虏的重要性，这一点在英国的记载中完全没有体现出来。尽管英方有四段关于此事的记载，但唯一较为详细的是理查德·沃尔特（Richard Walter）在《环球航行记》（*Voyage Round the World*, 1748）中的描述。然而，沃尔特的记述有一个漏洞，就是他在安森事件发生前离开"百夫长号"返回英国,我们并不清楚他关于后续事件的信息来源是什么。

在故事中扮演重要角色的知府,就是时任东莞知府的印光任,他不仅是一位官员,也是一位著名的作家。他撰写的《澳门纪略》(*Ao-men Chi Lueh*)是葡萄牙殖民澳门的权威记载,其中包含对安森事件的简短描述,也是唯一一份提及安森中文名为"安信"的资料。大约在1790年,印光任去世后,袁枚撰写了一篇关于他生平的文章。文中也简要提到了安森事件,并提到将俘虏送回菲律宾后,总督将整个事件的经过上报给了皇帝,皇帝完全赞同总督处理这件事的方式。这一记载不仅补充了事件的细节,也反映了清朝官方对这一外交事件的处理态度和评价。

附录二
袁枚的身后之事

"袁枚去世后,受到了极其尖锐的批评,其中超过一半竟出自他的弟子和旧友之口。当他的死讯传到扬州时,唯有吴蓑①(1755—1821)和我二人共同为他举行了哀悼仪式",吴嵩梁说。1793年袁枚与吴嵩梁结识,袁枚非常赏识吴嵩梁,并在《随园诗话》中也表达了自己对他的赏识。上面这段话出自《国朝耆献类征》第234卷第23页。至于这些"弟子和旧友"具体指谁,吴嵩梁并未言明。笔者所知道的只是历史哲学家章学诚对袁枚的批评,他指责袁枚误导青年,并特别反对袁枚收女弟子。然而,章学诚是在袁枚在世时对其提出批评,并非去世之后。那段话中令人疑惑的是,吴嵩梁是如

---

① 吴蓑(1755—1821),字及之,一字山尊,号抑庵,又号南禺山樵,晚号达园,安徽全椒人。清代嘉庆四年(1799)进士,官侍讲学士。擅书能画,工骈体文。著《夕葵书屋集》《清画家诗史》《墨林今话》《畊砚田斋笔记》等传世。

何知道在扬州这座大城中，没有其他人为袁枚举行哀悼仪式？不过，从袁枚的遗嘱中我们得知，他希望只有少数几个亲密友人为他举行正式的葬礼。

　　人们普遍认同袁枚是当时首屈一指的文学家。在后来中国文学的相关著作中，对袁枚的看法是：尽管他的作品并不是那么严肃，过分强调个人享乐，但他依旧是乾隆年间最著名的诗人之一。但是，这样的评价往往是从不同的书中直接摘抄下来的，所以并不一定代表作者真正的观点。笔者所知对袁枚最为负面的评价来自梁启超（1869—1929），在1927年出版的《清代学术概论》第169页中，梁启超贬斥袁枚的诗是"臭腐殆不可向迩"。但是笔者认为，作为清末民初时期的重要思想家，如果梁启超能够更加细致地进一步审视袁枚的作品，就会发现，在袁枚上千首诗中，其实只有极少数在道德和伦理上存在争议。因此，梁启超也可能仅仅是重复了他人的观点。

附录三
马戛尔尼使团与袁枚的作品

马戛尔尼使团中唯一通晓中文的是年仅12岁的乔治·托马斯·斯当东（G. T. Staunton），他作为侍从随大使一同出使中国。根据《牛津国家人物传记大辞典》（the Dictionary of National Biography）的记载，他向英国皇家亚洲学会（The Royal Asiatic Society）捐赠了"3000册（volume）"中文书。笔者猜想，1793年他在北京得到袁枚的作品，并将这些书籍捐赠给了学会。但事实是，辞典中的"volume"的意思并不是"册"而是"章"，这意味着并不是3000册独立的书。斯当东实际捐赠的独立书籍只有约250本，其中并没有袁枚的作品。皇家亚洲学会的确藏有袁枚的《子不语》（Ghost Stories）和《小仓山房尺牍》（Letters）的早期版本，但这些版本都于1793年之后出版。笔者要感谢图书管理员费尔小姐提供了相关信息。

附录四
笔者的写作和翻译原则

1. 处理日期时,笔者遵循了常规做法,如涉及某个具体年份,如原文中的"1797",笔者就直接处理为公历的1797年。

2. 书中出现的人物,笔者采用的都是官方名字。

3. 为了避免书中出现的人物太多,笔者采取了两个办法:(1)很少提及袁枚的亲戚;(2)对于那些人们相对不了解的人,如尹继善的几个儿子,笔者鲜少提及。

4. 笔者省略了袁枚为朋友所作的挽歌。

5. 若无特别原因,笔者省略了袁枚的一些不重要的出行(比如去杭州和扬州)。

6. 在书中使用汉字会增加出版成本,因此笔者没有使用汉字。书中几乎所有古代人物的姓名都可以在翟理思(Herbert Allen Giles)的《中国名人词典》(*Biographical Dictionary*)中找到,而满族人的名字可以在恒慕义(Hummel, Arthur

William）的《清代名人传略》（*Eminent Chinese of the Ch'ing Period*）中找到。

7. 笔者遵循常用的书写习惯，翻译时使用"the Emperor Ch'ien Lung"而非"the Ch'ien Lung Emperor"。

8. 笔者采用较为宽泛的方式处理官职，仅尝试表达所提及的职位的类别。因此，会使用"Governor"来同时代表几种不同的职位。

9. 处理人名时，笔者遵循威妥玛拼音规则，但省略了一些变音符号。

参考书籍

1. 来源

笔者参考书目如下：《随园全集》，共 64 册，1918 年上海文明书局出版。清代人物传记参考《三十三种清代传记综合引得》，1932 年哈佛燕京学社出版，主要参考其中的赵尔巽的《清史稿》（列传之部）、《清史列传》和李桓的《国朝耆献类征》初编，还有《清实录》。特别感谢美国汉学家恒慕义（Hummel, Arthur William）的《清代名人传略》（*Eminent Chinese of the Ch'ing Period*）和美国汉学家富路德（L. C. Goodrich）的专著《乾隆朝文字狱》（*The Literary Inquisition of Chien-lung*）。

2. 前人对袁枚的研究

19 世纪法国外交官于雅乐（C. Imbault-Huart）在《皇家亚洲文会北华支会会刊》（*Journal of the North China Branch*,

Royal Asiatic Society）卷十九（1884）上发表文章《十八世纪中国诗人袁子才的生平及著作》（*Un Poète Chinois du XVIIIe Siècle*），这是研究袁枚的开山之作，但其研究仅涉及袁枚作品的部分内容，并不全面。据笔者所知，迄今中国对袁枚的研究巅峰之作是杨洪烈的《大思想家袁枚评传（节选）》（1927）。但是杨洪烈认为袁枚是伟大的哲学家和学者，笔者对此并不赞同。

内容索引[*]

内容	出处
《亡姑沉君夫人墓志铭》	《小仓山房文集·卷五》
一日，业师外出，其友张自南先生携书一册，到馆求售，留札致师云："适有亟需，奉上《古诗选》四本，求押银二星：实荷再生，感非言罄。"	《随园诗话·卷六》
我年十二三，爱书如爱命。每过书肆中，两脚先立定。苦无买书钱，梦中犹买归。	《对书叹》
《郭巨论》	《小仓山房文集·卷二十》
二者都出自《国语》，注自韦昭。至作何解，枚实不知。	《随园诗话·卷十二》
《春雪十二韵》	《随园诗话·卷十四》
"考列前茅"	《随园诗话·卷十二》
余少时气盛跳荡，为吾乡名宿所排。惟柴秀才名致远、号耕南者，一见倾心。	《随园诗话·卷十二》
坐倒划船到广，受尽饥寒。	《随园老人遗嘱》

---

[*] 为方便读者索引书中袁枚诗歌文集出处，译者保留了原著中的"内容索引"部分的内容，并进行了适当删减。

(续表)

内容	出处
康熙间，叔父健磐公访戚镇江，寓某铁匠家，与其妻张淑仪有文字之知，彼此暗投笺札，唱和甚欢，而终不及于乱。微言挑之，则正色曰："妾故老秀才某之女。幼嗜文墨，父亡，为媒者所诳，误嫁贱工，一字不识。彼方炽炭，我自吟诗，为此郁郁。得遇君子，聆音识曲，使我几句荒言，得传播于士大夫之口足矣。至于情欲之感，'发乎情止乎礼义'可也。"再三言，则涕泣立誓，以来生为订。健磐公心敬之，不忍强也。归家后，诵其佳句云："懒妆撩鬓易，私泣拭痕难。"送健磐公归云："三月桃花怜妾命，六桥烟柳梦君家。"逾两年，再过京口，访之，则铁铺不开，全家不知何往矣。后二十年，在粤中，又遇一刘铁匠者，不能作字，而能吟诗。每得句，教人代写。《月夜闻歌》云："朱栏几曲人何处？银汉一泓秋更清。笑我寄怀仍寄迹，与人同听不同情。"健磐公尝笑谓余曰："同一铁匠也，使张女当初得嫁刘某，便称嘉偶矣。"	《随园诗话补遗·卷二》
汝不该来	《随园老人遗嘱》
诗题为"山鸡舞镜"，七排十二韵，限"山"字韵。	《随园诗话·卷五》
《湖北巡抚唐公神道碑》	《小仓山房文集·卷三》
《赵舍人诔》	《小仓山房文集·卷十四》

(续表)

内容	出处
"余欲刻画'想'字,有句云:'声疑来禁院,人似隔天河。'"诸总裁以为语涉不庄,将置之孙大司寇尹公,与诸公力争曰:"此人肯用心思,必年少有才者;尚未解应制体裁耳。此庶吉士之所以需教习也。倘进呈时,上有驳问,我当独奏。"群议始息。	《随园诗话·卷一》
尔泰今年愧死。闻后阅人文,所卜皆不雠,惟袁枚一人验耳。闻出君门下,非君谁光我颜者	《小仓山房文集·卷八》
蒋和宁	《小仓山房文集·卷三十一》
京师伶人许云亭,名冠一时,群翰林慕之。纠金演剧。许声价自高,颇自矜贵。先生虽年少,而服御朴素,弊车羸马,料无足动许者。讵许登台时,流盼送笑,目注先生,若将昵焉。先生心疑之,而未敢言。次日侵晨,许竟叩门至,情款绸缪,先生忻喜过望,引许为生平知己。	《随园诗话·卷四》
今日满洲风雅,远胜汉人,虽司军旅,无不能诗。福建将军魁叙斋伦,以指画墨菊,题云:"淡中滋味意便长,每爱秋英引巨觞。兴到指头涂抹际,墨香还道是花香。"	《随园诗话补遗·卷七》
《文渊阁大学士史文靖公神道碑》	《小仓山房文集·卷三》

(续表)

内容	出处
先生戊戌翰林,和雅谦谨,有爱猫之癖。每宴客,召猫与儿孙侧坐,赐孙肉一片,必赐猫一片,曰:"必均,毋相夺也。"督学河南,按临商丘毕,出署失一猫,严檄督县捕寻。令苦其烦,用印文详报云:"卑职遣干役四人,挨民家搜捕,至今逾限,宪猫不得。"	《随园诗话·卷十》
《和硕简亲王碑》	《小仓山房文集·卷二》
讲学俗儒耳,惟公便觉雅。 为问所以然,一真黜百假。	《诸知己诗十三首·其十·两江总督德公济斋》
我昔知溧水,阿爷客桂林。 得信买舟归,慰我迎养心。 虑我年尚少,居官力不任。 入境带草冠,貌作路过叟。 召集翁若妪,问某官贤否。 曰是翰林耶,年才廿八九。 折狱最聪强,居心颇慈厚。 一村复一村,好字不离口。 爷闻不易服,骑驴直上堂。 举家不及知,错愕争扶将。 我既失远迎,长跽心惊惶。 谁知爷喜甚,即序此因由。 道汝能循良,较胜罗珍羞。 是夕便加餐,齗然笑不休。 我生愧孝行,嗛嗛常自嗟。 只有者番事,差足慰些些。 汝今复作令,努力为民爹。 须防微服来,阿兄如阿爷。	《闻香亭宰正阳再以诗寄》

(续表)

页码　　　出处	内容
《女弟素文传》和《素文女子遗稿》	《小仓山房文集·卷七》
《淮徐海道按察司副使庄复斋先生传》	《小仓山房文集·卷七》
为言不见良如何，朝朝五鼓车马驮。 参谒大吏苦迎送，应答宾客时奔波。 金陵内城六十里，约略一转时光过。 归来但见灯两廊，夕阳同下牛羊。 嫡孺崽子拦满道，牵裾各各陈衷肠。 但恨长官归来晚，不知长官未餐饭。 忍饥息气排衙坐，欲决不决头屡顾。 既恐羁迟转累民，又恐仓皇事多误。 乱丝抽割将下堂，犹有秀才呈文章。 使君既自翰林出，不加礼貌非循良。 星落更沉风转紧，簿书束束如春笋。 滴墨研朱细讨论，吏胥乘间犹舞文。 回首纷纷幕府进，公事偭张多报信。	《俗吏篇》
乙丑余知江宁，救火水西门；见喧嚷时，一美少年着单缥衣，貌颇闲雅，异而问焉。曰："秀才也。姓龚，名如璋，号云若。"次日，以文作贽，来往甚欢。后十年，中进士，改名孙枝。但出于救火紧迫，他们二人并无过多交流。龚后出宰山西榆次县，王师西征，烹羊享兵，得奇句云："拔刀割肉目眦裂，太平时羊乱时妾。"	《随园诗话·卷四》
休提往日舆人诵，风影讹传五十年。	《自寿诗亦嫌有未尽者再赋四首·其四》
"古有风吹女子至六千里者，汝知之乎？"予取元郝文忠公《陵川集》示之，曰："郝公一代忠臣，岂肯作诳语者？第当年风吹吴门女，竟嫁宰相，恐汝子没福耳！"秀才读诗大喜，两家婚配如初。制府尹公闻之，曰："可谓宰官必用读书人。"	《随园诗话·卷四》

(续表)

内容	出处
《吕文光哀词》	《小仓山房文集·卷十四》
我负卿卿,撑船去、晓风残雪。曾记得、庵门初启,婵娟方出。玉手自翻红翠袖,粉香听摸风前颊。问姮娥、何事不娇羞,情难说。既别,还相忆。重访旧,杳无迹。说庐江小吏,公然折得。珠落掌中偏不取,花看人采方知惜。笑平生、双眼太孤高,嗟何益。	《随园诗话·卷十一》
适长沙陶士璜方伯调任福建;路过金陵,谓余曰:"子现题升高邮州,宪眷如此;年方三十,忽有世外之志,甚非所望于贤者也。"余虽未从其言,而至今感其意。	《随园诗话·卷六》
乙亥春(1755),袁枚的疱人王小余病疫不起,即将装殓入棺。连夜赶来的薛一瓢用蜡烛照着目闭气绝的小余说,"吾好与疫鬼战,恐得胜亦未可知",说罢从药箱里拿出一丸药,捣石菖蒲汁调和好,让年轻力壮的车夫,用铁箸锲其齿灌服,鸡鸣时小余即苏醒,再服二剂而病愈。	《随园诗话·卷五》
顾尧年	《子不语·卷二》

(续表)

内容	出处
《厨者王小余传》	《小仓山房文集·卷七》
《上两江制府黄太保书》	《小仓山房文集·卷十六》
完颜留保	《小仓山房文集·卷三十三》
纪昀批判新儒学	《阅微草堂笔记》
《短人传》	《小仓山房文集·卷七》
遍访无知者。熊涤斋前辈为言,苕生姓蒋,名士铨,江西才子也。因得芳讯,寄余词曲尤多。今年入翰林,作诗寄之。	《寄蒋苕生太史》
李调元《剧话》	《函海》
程廷祚	胡适《国学季刊》第五卷第三号
《与程绵庄论楞严经》	《小仓山房尺牍·卷一》
《答项金门》	《小仓山房尺牍·卷七》
彭尺木进士,为大司马芝亭先生之子。生长华腴,而湛深禅理;中年即茹素,与夫人别屋而居。每朔望,即相勖曰:"大家努力修行。"彼此一见而已。后闭关西湖,恰不废吟咏。	《随园诗话·卷十四》
彭绍升自传	《一行居集·五卷》
病中作诗	《子不语·卷十七》

(续表)

内容	出处
丙子九月，余患暑疟。早饮吕医药，至日昳，忽呕逆，头眩不止。家慈抱余起坐，觉血气自胸偾起，性命在呼吸间。忽同征友赵黎村来访。家人以疾辞。曰："我解医理。"乃延入，诊脉看方，笑曰："容易。"命速买石膏，加他药投之。余甫饮一勺，如以千钧之石，将肠胃压下，血气全消。未半盂，沉沉睡去，颡上微汗，朦胧中闻家慈啃曰："岂非仙丹乎？"睡须臾醒，君犹在坐，问："思西瓜否？"曰："想甚。"即命买瓜，曰："凭君尽量，我去矣。"食片许，如醍醐灌顶，头目为轻。晚便食粥。次日来，曰："君所患者，阳明经疟也。吕医误为太阳经，以升麻、羌活二味升提之，将君妄血逆流而上，惟白虎汤可治。然亦危矣！"未几，君归。余送行诗云："活我自知缘有旧，离君转恐病难消。"先生亦见赠云："同试明光人有几？一时公干鬓先斑。"	《随园诗话·卷二》
开卷见古人，开门见今人。 古人骨已朽，情性与我亲。 今人乃我类，嚼蜡闻语言。 宁与木石居，不与俗子俱。 欲见何代人，但翻何代书。	《偶然作·其七》
吴兴沈南蘋画名藉甚。雍正间，日本国王持倭牌聘往，居其国三年，授弟子若干。老病辞归，国王况施累万。同舟人受簿录之累，南蘋倾所有以偿。至家，竟不名一钱。	《赠沈南蘋画师》

· 211 ·

(续表)

内容	出处
沈铨（沈南苹）的日本之行	《國華》第二百七十二号
晴江讳方膺，字虬仲。父玉鋐，官福建按察使，受知世宗。雍正七年入觐，上悯其老，问："有子偕来否？"对曰："第四子方膺同来。"问："何职？且胜官否？"对曰："生员也。性戆，不宜官。"上笑曰："未有学养子而后嫁者。"即召见，交河东总督田文镜以知县用。	《小仓山房文集·卷五》
童谣《唱阿童》	《乐府诗集》
《乞上元令李竹溪释枷犯》	《小仓山房尺牍·卷二》
程晋芳	《小仓山房文集·卷二十五》
我闻李郎名十年，去年吴下才交言。 今年李郎来见访，握手方知郎果贤。 李郎色艺梨园中，李郎行事梨园外。 不为李郎歌一篇，那知大有传人在。 郎家旧住阊阖城，折取天香作小名。 觱笛不吹银字管，歌唇时带读书声。 受聘南州季姓家，缠头教舞玉鸦叉。 只履偶停游子足，三春羞杀此邦花。 镜中自惜红颜好，西施不肯西溪老。 直走长安隶太常，万人如海知音早。 上公乐部正需人，选入仙班宠赐频。 燕栖金屋难轻出，花傍高楼易得春。 偶然城外笙歌集，天上人来地上立。 分得星眸一寸光，顿增酒面千灯色。 秋帆舍人二十馀，玉立长身未有须。 把盏唤郎郎不起，怒曳郎裾问所以。 郎言侬果博君欢，寸意丹心密里传。 底事当场为戏虐，竟作招摇过市看。	《李郎歌》

(续表)

内容	出处
一言从此定心交，孤馆寒灯伴寂寥。 为界乌丝教习字，为熏宫锦替焚椒。 延医秤水春风冷，嘘背分凉夜月高。 但愿登科居上上，敢辞礼佛拜朝朝。 果然胪唱半天中，人在金鳌第一峰。 贺客尽携郎手揖，泥笺翻向李家红。 若从内助论勋伐，合使夫人让诰封。 溧阳相公开置酒，口称欲见状元妇。 揩眼将花雾里看，白发荷荷时点首。 君卿何处最勾留，毕蒋熊姜当五侯。 四子非为讲德论，三生同上一钟楼。 郎名此际虽风动，郎心镇日如山重。 一诺从无隔宿期，千金只为多情用。 岳岳高冠士大夫，乔松都要女萝扶。 日中原涉来营赗，千里曳骈代送孥。 岂徒周雅称将伯，直可东京唤八厨。 笑他儿辈持钱易，纷纷多作无名费。 谁肯如郎抱侠肠，散尽黄金偏市义。 再入长安万事非，晨星零落酒徒稀。 惟有状元官似故，锋车又向陇西飞。 年华弹指将三十，身世苍茫向谁说。 誓走天涯觅故人，拚将玉貌当风雪。 会迟别早我神伤，此后相思路阻长。 倘得令君香再接，定倾老耳听伊凉。	《李郎歌》
乾隆己丑，今亚相刘崇如先生出守江宁，风声甚峻，人望而畏之。相传有见逐之信，邻里都来送行。余故有世谊，闻此言，偏不走谒，相安逾年。公托广文刘某要余代撰《江南恩科谢表》，备申宛款。方知前说，都无风影也。旋迁湖南观察。余送行有一联云："月无芒角星先避，树有包容鸟亦知。"不存稿，久已忘矣。今年公充会试总裁，犹向内监试王荸亭诵此二句。王寄信来云，故感而志之。	《随园诗话补遗·卷六》

(续表)

内容	出处
公托广文刘某要余代撰《江南恩科谢表》,备申宛款。	《随园诗话补遗·卷六》
章学诚抨击袁枚	《章氏遗书·卷七》
与尹继善告别	《随园诗话·卷三》
董士民之母	《随园诗话·卷三十一》
鲍志道之父	《龙山慈孝堂图为鲍肯园题》
印刷书籍费用	《随园诗话·卷十一》
《大学》曰:"无情者不得尽其辞。"古圣贤未有尊性而黜情者。喜、怒、哀、乐、爱、恶、欲,此七者,圣人之所同也。惟其同,故所欲与聚,所恶勿施,而王道立焉。己欲立立人,己欲达达人,而仁人称焉。习之以有是七者故情昏,情昏则性匿,势必割爱绝欲,而游于空。此佛氏剪除六贼之说也,非君子之言也。	《小仓山房文集·卷二十三》
袁枚母亲去世	《小仓山房文集·卷二十七》
戊戌年,黄河水决。河官督治者每筑堤成,见水面有绿毛鹅一群翱翔水面,其夜堤必崩。用鸟枪击之,随散随聚,逾月始平。虽老河员,不知鹅为何物。后阅《桂海稗编》载前明黄萧养之乱,黄江有绿鹅为祟,识者曰:"此名浮尼,水怪也,以黑犬祭之,以五色粽投之,则自然去矣。"如其言,果验。	《子不语·卷二十二》

(续表)

内容	出处
两峰居士为我画像,两峰以为是我也,家人以为非我也,两争不决……我亦有二我,家人目中之我,一我也,两峰画中之我,一我也。……两峰居士既以为似我矣,若藏之两峰处,势必推爱友之心,自爱其画,将与鬼趣图、冬心、龙泓两先生像共熏奉珍护于无穷,是又二我中一我之幸也。	《戏题小像寄罗两峰》
叶公好龙	《子不语·卷二》
袁树的故事	《子不语·卷十一》
清朝大臣伍弥泰北极探险	《子不语·黑霜·卷二十一》
中国使团前往圣彼得堡	期刊《历史回顾》
《成神不必贤人》	《子不语·卷二十二》
余祖母柴太夫人常为余言,其外祖母杨氏老而无子,依其女洪夫人以终,年九十七而卒。居一楼奉佛诵经,三十年足不履地。性慈善,闻楼下笞奴婢声,便傍徨不能食。或奴婢有上楼者,必分己所食与食。九十以后拜佛,佛像起立答拜,太夫人大怖,时余祖母年尚幼,必拉之作伴,曰:"汝在此,佛不答我也。"卒前三日,索盆濯足。婢以向所用木盆进,曰:"不可,我此去将踏莲花,须将浴面之铜盆来。"俄而,旃檀之气自空缭绕,端坐跏趺而逝。逝后,香三昼夜始散。	《子不语·卷二十一》

(续表)

内容	出处
方姬奉一檀香观音像,长四寸。余性通脱,不加礼,亦不禁也。有张妈者,奉之尤虔,每早必往佛前,焚香稽首毕,方供扫除之役。余一日早晨,呼盥面汤甚急,而张方拜佛不已,余怒,取观音像掷地,足蹋之。姬泣曰:"昨夜梦观音来别我,云:'明日有小劫,我将他适矣。'今果被君作蹋,岂非数也!"乃送入准提庵。余想:佛法全空,焉得作如此狡狯,必有鬼物凭焉。嗣后,乃不许家人奉佛。	《子不语·卷二十一》
公父文肃公戒子孙不得近优人,故终文肃之世,从无演戏觞客之事。文肃殁后十年,文恪稍稍演戏,而不敢蓄养令人。老奴顾升乘文恪燕坐,谈及梨园,怂恿曰:"外间优人总不若家伶为佳,且便于传唤。家中奴产子甚众,何不延教师择数奴演之?"文恪心动,未答。忽见顾升惊怖,面色顿异,两手如受桎梏,身倒于地,以头钻入椅脚中,由一椅脚穿至第二椅脚,由第二椅脚穿至第三椅脚。自首至足,若纳于匣。呼之不应。公急召巫医,百计解救。夜半始苏,曰:"怕杀!怕杀!方前言毕时,见一长人厂奴出,先老主人坐堂上,声色俱厉,曰:'尔为吾家世仆,吾之遗训,尔岂不知!何得导五郎蓄戏子?着捆打四十,活掩棺中!'奴闷绝,不知所为。最后闻远远有呼唤声,奴在棺中,欲应不能。后稍觉清快,亦不知何以得出。"验其臀,果有青黑痕。	《子不语·卷二十一》

· 216 ·

(续表)

内容	出处
一日，降乩节署，甫至，即以此语谢其护持之功。此事无知者，因共称其神奇。时严道甫在座，因云："记墓志中云：'左卫马邑郡尚德府折冲都尉张君。'考唐府兵皆隶诸卫，左右卫领六十府。志云尚德府为左卫所领，固也，但《唐书·地理志》马邑郡所属'无尚'德府，未知墓志何据？"仙停乩半晌，云："当日下笔时，仅据行状开载，至唐《地理志》，为欧九所修，当俟晤时问明，再奉复耳。"然自是节署相请，乩不复降。即他所相请，有道甫在，乩亦不复降。	《子不语·卷二十一》
《红毛国人吐妓》	《子不语·卷十六》
《暹罗妻驴》	《子不语·卷二十一》
乾隆二十九年，西洋贡铜伶十八人，能演《西厢》一部。人长尺许，身躯耳目手足，悉铜铸成；其心腹肾肠，皆用关键凑接，如自鸣钟法。每出插匙开锁，有一定准程，误开则坐卧行止乱矣。张生、莺莺、红娘、惠明、法聪诸人，能自行开箱着衣服。身段交接，揖让进退，俨然如生，惟不能歌耳。一出演毕，自脱衣卧倒箱中。临值场时，自行起立，仍上戏毯。西洋人巧一至于此。	《子不语·卷二十三》
康熙五十年，肃州合黎山顶忽有人呼曰："开不开？开不开？"如是数日，无人敢答。一日，有牧童过，闻之，戏应声曰："开。"顷刻訇然，风雷怒号，山石大开，中现一崖，有天生菩萨像数千，须眉宛然。至今人呼为"万佛崖"。章淮树观察过其地亲见之。	《子不语·卷二十六》

(续表)

内容	出处
论《心经》	
或着新靴行市上,一人向之长揖,握手寒暄,着靴者茫然曰:"素不相识。"其人怒骂曰:"汝着新靴便忘故人!"掀其帽掷瓦上去。着靴者疑此人醉,故酗酒。方彷徨间,又一人来笑曰:"前客何恶戏耶!尊头暴露烈日中,何不上瓦取帽?"着靴者曰:"无梯奈何?"其人曰:"我惯作好事,以肩当梯,与汝踏上瓦何如?"着靴者感谢。乃蹲地上,耸其肩。着靴者将上,则又怒曰:"汝太性急矣!汝帽宜惜,我衫亦宜惜。汝靴虽新,靴底泥土不少,忍污我肩上衫乎?"着靴者愧谢,脱靴交彼,以袜踏肩而上,其人持靴径奔,取帽者高居瓦上,势不能下。市人以为两人交好,故相戏也,无过问者。失靴人哀告街邻,寻觅得梯才下,持靴者不知何处去矣。	《子不语·卷二十三》
阎王爷的故事	《子不语·卷十》
五台山某禅师,收一沙弥,年甫三岁。五台山最高,师徒在山顶修行,从不一下山。后十余年,禅师同弟子下山。沙弥见牛马鸡犬,皆不识也。因此禅师指而告之曰:"此牛也,可以耕田;此马也,可以骑;此鸡犬也,可以报晓,可以守门。"少顷,一少年女子走过,沙弥惊问:"此又是何物?"师虑其动心,正色告之曰:"此名老虎,人近之者,必遭咬死,尸骨无存。"晚间上山,师问:"汝今日在山下所见之物,可有心上思想他的否?"曰:"一切物,我都不想,只想那吃人的老虎,心上总觉舍他不得。"	《子不语·卷二》

(续表)

内容	出处
《李香君荐卷》	《子不语·卷三》;《随园诗话·卷八》
《答杨笠湖》	《小仓山房尺牍·卷七》
杨潮观	《小仓山房文集·卷三十四》
余弟子刘霞裳有仲容之姣,每游山必载与俱。赵云松调之云:"白头人共泛清波,忽觉沿堤属目多。此老不知看卫玠,误夸看杀一东坡。"	《随园诗话·卷二》
游仙之梦,斑竹最佳。离天台五十里,四面高山乱滩,青楼二十余家,压山而建。中多女郎,簪山花,浣衣溪口,坐溪石上。与语,了无惊猜,亦不作态,楚楚可人;钗钏之色,耀人烟云,雅有仙意。霞裳悦蒋校书,为留一宿。次日,天未明,披衣而至,云:"被四面滩声惊醒。"余赋诗云:"茅屋背山起,山峰枕上看。饭香人弛担,梦醒客闻澜。花野得真意,竹多生暮寒。青溪蒋家妹,欢喜遇刘安。"	《随园诗话·卷十二》
谢灵运赠送美髯	《太平广记》
温州风俗:新婚有坐筵之礼。余久闻其说。壬寅四月,到永嘉。次日,有王氏娶妇,余往观焉。新妇南面坐,旁设四席,珠翠照耀,分已嫁、未嫁为东西班。重门洞开,虽素不识面者,听人平视,了无嫌猜。心羡其美,则直前劝酒。女亦答礼。饮毕,回敬来客。其时向西坐第三位者,貌最佳。余不能饮,不敢前。霞裳欣然掷而酾焉。女起立侠拜,饮毕,斟酒回敬霞裳;一时辞却,将酒自饮。傧相呼曰:"此敬客酒也尸女大惭,嫣然而笑,即手授霞裳。霞裳得沾美人余沥以为荣。大抵所延,皆乡城粲者,不美不请;请亦不肯来也。"太守郑公以为非礼,将出示禁之。余曰:"礼从宜,事从俗:此亦亡于礼者之礼也。"乃赋《竹枝词》六章,有句云:"不是月宫无界限,嫦娥原许万人看。"太守笑曰:"且留此陋俗,作先生诗料可也。"诗载集中。	《随园诗话·卷十二》

(续表)

内容	出处
余过处州,想游仙都峰,以路远中止。出县城,到黄碧塘,将止宿矣;望前村瓦屋圣如,随缓步焉。与主人虞姓者,略通数语,即还寓;将弛衣眠,闻户外人声嗷嗷;询之,则虞氏见余名纸,兄弟六七人来问:"先生可即袁太史耶?"曰:"然。"乃手烛上下照,诧曰:"我辈读《太史稿》,以为国初人。今年仅花甲,是古人复生矣,岂容遽去?愿作地主,陪游仙都。"于是少者解帐,长者卷席,诸奴肩行李,相与舁至其家。余留诗谢云:"我是渔郎无介绍,公然三夜宿桃源。"	《随园诗话·卷十二》
诗文之道,全关天分。聪颖之人,一指便悟。霞裳初见余时,呈诗十余首。余不忍拂其意,尽粘壁上;渠亦色喜。遂同游天台,一路唱和,恰无一言及其前所呈诗也。往反两月,霞裳归家,急奔园中,取壁上诗,撕毁摧烧之,对余大笑。余亦戏作桓宣武语,曰:"可儿!可儿!"	《随园诗话·卷十四》
童钰	《随园诗话·卷六》
《游黄山记》	《小仓山房文集·卷二十四》
广东肇庆洪水	《小仓山房文集·卷三十一》
《两粤游草》	《随园诗话补遗·卷八》

(续表)

内容	出处
余游南岳,往谒衡山令许公。其仆人张彬者,沅江人,年二十许,见余名纸,大喜,奔告诸幕府,以得见随园叟为幸。既而许公招饮,命彬呈所作诗,有"湖边芳草合,山外子规啼""远岫碧云高不落,平湖萤火住还飞"之句:果青衣中一异人也。性无他嗜,酷好吟咏;主人赏婚费,乃不聘妻,而尽以买书。	《随园诗话·卷六》
唐公号蜗寄老人,司九江关,悬纸墨笔砚于琵琶亭,客过有题诗者,命关吏开列姓名以进。公读其诗,分高下,以酬赠之。建白太傅祠,肖己像于旁。甲辰冬,余过九江,则太傅祠改作戏台,唐公像亦不见。	《随园诗话·卷三》
《谢毕抚军》	《小仓山房尺牍·卷六》
《答沈大宗伯论诗书》《再与沈大宗伯书》	《小仓山房文集·卷十七》
人或问余以本朝诗谁为第一,余转问其人:《三百篇》以何首为第一?其人不能答。余晓之曰:诗如天生花卉,春兰秋菊,各有一时之秀,不容人为轩轾。音律风趣,能动人心目者,即为佳诗;无所为第一、第二也。	《随园诗话·卷三》
李玉洲先生曰:"凡多读书,为诗家最要事。所以必须胸有万卷者,欲其助我神气耳。其隶事、不隶事,作诗者不自知,读诗者亦不知:方可谓之真诗。若有心矜炫淹博,便落下乘。"	《随园诗话补遗·卷一》

(续表)

内容	出处
浦柳愚山长云："诗生于心,而成于手;然以心运手则可,以手代心则不可。今之描诗者,东拉西扯,左支右吾,都从故纸堆来,不从性情流出:是以手代心也。"	《随园诗话补遗·卷四》
吴西林处士云："诗以意为主人,以词为奴婢。若意少词多,便是主弱奴强,呼唤不动矣。"	《随园诗话补遗·卷四》
戴喻让有句云："夜气压山低一尺。"妙在可解不可解之间。	《随园诗话·卷一二》
余于古人之诗,无所不爱,恰无偏嗜者。于今人之诗,亦无所不爱,恰于高文良公《味和堂集》、黄莘田先生《香草斋诗》,有偏嗜焉。岂亦性之所近耶?	《随园诗话·卷四》
诗分唐、宋,至今人犹恪守。不知诗者,人之性情;唐、宋者,帝王之国号。人之性情,岂因国号而转移哉?	《随园诗话·卷六》
郭频伽秀才寄小照求诗,怜余衰老,代作二首来。教余书之。余欣然从命,并札谢云："使老人握管,必不能如此之佳。"渠又以此例求姚姬传先生。姚怒其无礼,掷还其图,移书嗔责。余道:此事与岳武穆破杨么归,送礼与韩、张、二王,一喜一嗔。人心不同,亦正相似。刘霞裳曰:"二先生皆是也:无姚公,人不知前辈之尊;无随园,人不知前辈之大。"	《随园诗话补遗·卷七》

(续表)

内容	出处
"余在山阴,徐小汀秀才交十五金买《全集》三部,余归如数寄之。未几,信来,说信面改'三'作'二',有揠补痕,方知寄书人窃去一部矣。"袁枚继续写道:林远峰云:"新建吴某夜被盗,七人明火执仗,捆缚事主,甚闹,最后有美少年,盛服而至,翻撷架上,见宋板《文选》、《小仓山房诗集》各一部。笑曰:'此富儿能读随园先生文,颇不俗;可释之。'手两书而去。"余按唐人载李涉遇盗一事,仿佛似之。至于窃书者,则又古人所无。最后,他又写道:"方藕船明府云:高丽进士李承熏、孝廉李喜明、秀才洪大荣等,俱在都中购《随园集》,问余起居、年齿甚殷。嘻,余愧矣!"	《随园诗话·卷六》
西泠(今杭州)诗会,有女弟子某,国色也。香岩必欲见之,着家奴衣,随余轿步往。值其病,废然而返。后信来,招我谈诗,香岩喜,仍易服跟轿,冒大雨走五里许,值其家座上有识香岩者,香岩望见大惊奔还,衣服尽湿,身陷坎宫。乃赋诗自嘲云:"听说凌波有洛神,思量觌面唤真真。谁知两次成虚往,始信三王少凤因。红粉得知应笑我,青衣着尽不如人。襄王那有阳台梦,空惹巫山雨一身。"	《随园诗话补遗·卷五》